词语诠析与经典赏读

主编◎魏永胜

副主编◎白瑜厚 于兰

兰州大学出版社

图书在版编目(CIP)数据

词语诠析与经典赏读 / 魏永胜主编. —兰州:兰州大学出版社,2013.10
ISBN 978-7-311-04285-1

Ⅰ.①词… Ⅱ.①魏… Ⅲ.①中学语文课—高中—教学参考资料 Ⅳ.①G634.303

中国版本图书馆 CIP 数据核字(2013)第 246708 号

策划编辑　张映春
责任编辑　张　仁
封面设计　刘　杰

书　　名　词语诠析与经典赏读
作　　者　魏永胜　主编
出版发行　兰州大学出版社　（地址:兰州市天水南路 222 号　730000）
电　　话　0931-8912613(总编办公室)　0931-8617156(营销中心)
　　　　　0931-8914298(读者服务部)
网　　址　http://www.onbook.com.cn
电子信箱　press@lzu.edu.cn
印　　刷　兰州奥林印刷有限责任公司
开　　本　710 mm×1020 mm　1/16
印　　张　14.5
字　　数　280 千
版　　次　2013 年 10 月第 1 版
印　　次　2013 年 10 月第 1 次印刷
书　　号　ISBN 978-7-311-04285-1
定　　价　25.00 元

（图书若有破损、缺页、掉页可随时与本社联系）

写在前面的话

文化是一个民族的标志，文化是一个民族的灵魂。

中华传统文化博大精深，源远流长，是历代中华民族仁人志士的智慧源泉与精神支柱，也是世界上唯一绵延不绝从未中断的文化，为人类文明奉献了无数璀璨的瑰宝。

我们每天都要用语言与他人进行交流，有些人更是从事着语言文字方面的工作，语言文字在我们的日常生活和工作中起着不可或缺的作用。

《词语诠析与经典赏读》根据"新课程标准"和"新考试说明"编写，完全体现了最新高考的特点，在总结历年备考经验和教训的基础上确定编写体例。本教材按照26个英文字母顺序分二十五单元，每个单元又分为"晓风晨语""常见多音字""常见词语""比比看看""成语积累""古诗欣赏""经典诵读""论语名句"等八个部分。

"晓风晨语"选用一些名言警句；"常见多音字"选择了一些常见的易读错的字，特别注出了正确读音，但不出现错的读音，以免学生混淆。"常见词语"选择一些以该音起头的四字词语（包括成语），但没有列出容易错写的字，以免学生混淆；"比比看看"选择一些该字音打头的同义词进行了辨析；"成语积累"选择常用成语，先解释意义然后举例，错误用法特用"★"号标出；"古诗欣赏"分为"春之声""夏之歌""秋之意""冬之韵"，从历代吟咏祖国四季风光景物的优秀诗作中选择25首进行了品悟，是本书的亮点之一；"经典诵读"从浩如烟海的经典中选择《弟子规》《三字经》《大学》等；在"论语名句"中，对儒家经典《论语》又做了分类，如"情操篇""道德篇"等，所选名句都有翻译。本书的特点是实用、全面，希望能为广大读者在规范使用语言文字和弘扬中华传统文化方面有一些帮助。

在本书的编写过程中，得到了相关老师的帮助和支持，并提出了有益的建议和意见，在此表示衷心的感谢。由于教材内容多，时间仓促，编者水平有限，教材中肯定存在很多不足和错误，敬请各位读者提出宝贵意见。同时，请授课教师在授课过程中随时记录，汇总修改，以便将教材编得更好。

魏永胜

2013年8月于兰州

目 录

自然况味

　　我们常说:"人生不过数十寒暑",其实也可以讲"人生不过四季"。春天,万物发舒,生气蓬勃,虽不免失之娇柔,却正像初生的孩子。夏日,林木菁郁,枝条茂盛,虽不免失之火气,却正像健壮的青年。秋天,结实累累,枫红似火,虽不免过于丰盛华丽,却正是中年富裕的景象。冬天,白雪皑皑,万物凋零,虽不免过于萧条朴素,却正是老年宁静的境界。

　　春天的播种是为秋天的收获,夏日的菁郁是为秋天的装扮,春夏秋的喧哗则当归于冬日的宁静。

一

● 当蚌开口吸气时，沙粒或微生物这类物体会意外地进入其体内，蚌受到刺激而感到不适，便会分泌珍珠质将入侵物层层包裹起来，经过多年的分泌，便变成了一颗漂亮而富有光泽的珍珠。

A

挨紧 āi	挨饿受冻 ái	白雪皑皑 ái
狭隘 ài	不谙水性 ān	熬菜 āo
煎熬 áo	鏖战 áo	拗断 ǎo
拗口令 ào		

A

阿弥陀佛	阿司匹林	唉声叹气	爱屋及乌
爱莫能助	安土重迁	安全玻璃	安之若素
安装机器	安居乐业	安分守己	安邦定国
黯然销魂	按部就班	暗箭伤人	按图索骥
哀鸿遍野	哀兵必胜	挨打受骂	皑皑白雪
爱不释手	隘口险关	碍手碍脚	鞍前马后
按兵不动	暗无天日	昂首阔步	奥妙无穷
傲然屹立	傲雪凌霜	嗷嗷待哺	奥林匹克

A

暧昧 暗昧

暧昧：含糊、不明朗，不光明磊落，不便告人。暗昧：同"暧昧"。还可表示不聪明,愚昧。

爱护 爱惜

爱护:有精心保护,不使受到损坏或伤害的意思。爱惜:指不浪费,不糟蹋。

安闲 安适

安闲:重在"闲",心中无所牵挂。安适:重在"适",舒适,惬意。

安置 安顿 安排

安置:重在"置",使工作、生活、物品等有适当的位置,或指对人或物的处置各得其所。安顿:重在"顿",妥当安排使有着落。安排:重在"排",分轻重缓急、先后主次,有条不紊地处置人或事物,多指人事、任务等的处理。

成语积累
(★ 表示错误用法)

A

安之若素——指身处逆境,遇到困难或遭受挫折时能泰然处之,跟平常一样。近义还有"泰然自若"。★真是好事多磨,经历了许多挫折,他的公司终于正式成立了,他也可以安之若素了。

安居乐业——安心地住在那儿,喜爱自己的职业。★这里有良好的水土条件,又有一个团结向上的领导班子,因而人民的生活安居乐业。(只能说"人民安居乐业",不能说"生活安居乐业"。)

安步当车——"慢慢地步行,就当作是坐车",古代称人能安贫守贱,现多用以表示不乘车而从容不迫地步行。安,安闲。★当时暴雨如注,满路泥泞,汽车已无法行走,抢险队员们只好安步当车,跋涉一个多小时赶到了大坝。(不合语境)

哀鸿遍野——比喻呻吟呼号、流离失所的灾民到处都是。哀鸿,哀鸣的大雁,比喻悲哀呼号的灾民。

安土重迁——安于本乡本土,不愿轻易迁移。重,看得很重。

安身立命——安身,容身,指在某地居住或生活。立命,使精神安定,指生活有着落,精神有寄托。

爱不释手——喜爱到舍不得放手。

爱屋及乌——比喻因喜爱一个人而连带喜爱跟他有关的人或物。

按图索骥——照图上画的去寻找好马。比喻按照线索去寻找事物。

按部就班——部、班,门类,次序。就,遵循,依照。形容做事有一定的步骤和规矩。现也用以指办事机械,缺乏必要的灵活性。

嗷嗷待哺——形容受饥饿的悲惨情景。嗷嗷(áo),哀号声。哺(bǔ),喂食。

古诗欣赏
春之声

【原诗】

春 歌
《子夜四时歌》
杜鹃竹里鸣,梅花落满道。
燕女游春月,罗裳曳芳草。

【注释】

燕女:燕地女子。

罗裳:丝织裙。

曳:摇曳。

芳草:香草。

【品悟】

《子夜四时歌》内容多是描写男女恋情的诗歌,是南朝时期吴地的民歌。《乐府诗集》共收集了七十五首,包括晋、宋、齐的歌辞,其中《春歌》、《夏歌》各二十首,《秋歌》十八首,《冬歌》十七首。

《子夜四时歌》中的《春歌》描写的是百花盛开、阳光明媚的春天景象:树木、小草披绿挂翠,郁郁葱葱;重重地垂挂在枝头的花朵,在微风的轻吻下摇摆不停;小蜜蜂贪婪地采集花蜜;婀娜多姿的鸟儿抖着美丽的衣裙,成双成对地在花丛中尽情飞舞,杜鹃鸟的歌声清凉动听,在树林里盘旋回荡。在富有诗情画意的春天里,人们领略到了鸟语花香的盎然春意。

这是一支优美的乐曲,清新悦耳,回味无穷,能使人得到美的享受。诗描写女子春游,前两句写春日景色优美,为出游点染气氛。后两句写出游的情状，一个"曳"字，不仅将春游女子轻捷活泼的形态描绘得惟妙惟肖，也巧妙地反映出她们为春景所陶醉的欢快心情。

【关键词】

内容上：女子春游

手法上：比喻

经典诵读

弟子规·入则孝

总　叙

弟子规	圣人训	首孝弟	次谨信
泛爱众	而亲仁	有余力	则学文

入　则　孝

父母呼	应勿缓	父母命	行勿懒
父母教	须敬听	父母责	须顺承
冬则温	夏则清	晨则省	昏则定
出必告	反必面	居有常	业无变
事虽小	勿擅为	苟擅为	子道亏
物虽小	勿私藏	苟私藏	亲心伤
亲所好	力为具	亲所恶	谨为去
身有伤	贻亲忧	德有伤	贻亲羞
亲爱我	孝何难	亲憎我	孝方贤
亲有过	谏使更	怡吾色	柔吾声
谏不入	悦复谏	号泣随	挞无怨
亲有疾	药先尝	昼夜侍	不离床
丧三年	常悲咽	居处变	酒肉绝
丧尽礼	祭尽诚	事死者	如事生

名言名句

论语名句——情操篇

●子曰："君子固穷，小人穷斯滥矣。"（卫灵公·第十五）

——孔子说："君子一生中难免遭到穷困，但他身处穷困时依然会按道德准则去行事；而小人一遇穷困就抛弃道德观念无所不为了。"

●子曰："富与贵,是人之所欲也,不以其道得之,不处也;贫与贱,是人之所恶也,不以其道得之,不去也。君子去仁,恶乎成名?君子无终食之间违仁,造次必于是,颠沛必于是。"(里仁·第四)

——孔子说:"富裕和显贵是人人都想要得到的,但不用正当的方法得到它,或者没有相应的德行和才华去享受它,君子是不接受的;贫穷与低贱是人人都厌恶的,但不用正当的方法去摆脱它,或者认识到自己处于无德无能的境地时,君子是不急于摆脱的。君子如果离开了仁德,又怎么能叫君子呢?君子没有一顿饭的时间背离仁德,就是在最紧迫的时刻也必须按照仁德办事,就是在颠沛流离的时候,也一定会按仁德去办事的。"

●子曰:"贤哉回也,一箪食,一瓢饮,在陋巷,人不堪其忧,回也不改其乐。贤哉回也。"(雍也·第六)

——孔子说:"颜回的品质是多么高尚啊!用竹器吃饭,用水瓢饮水,住在简陋的小屋里,别人都忍受不了这种穷困清苦,颜回却没有改变他对生活的恬淡之乐。颜回的品质是多么高尚啊!"

●子曰:"学而时习之,不亦说乎?有朋自远方来,不亦乐乎?人不知,而不愠,不亦君子乎?"(学而·第一)

——孔子说:"研究学问,然后在适当的时候去实习它,不是令人高兴的事情吗?有志同道合的人从远方来探访,不也是很令人快乐的事情吗?别人不了解我的才能,我也不怨恨、恼怒,不也是一个有德的君子吗?"

●曾子曰:"君子以文会友,以友辅仁。"(颜渊·第十二)

——曾子说:"君子以文章学问来结交朋友,依靠这样的朋友辅助自己的道德修养。"

●子曰:"君子食无求饱,居无求安,敏于事而慎于言,就有道而正焉,可谓好学也已。"(学而·第一)

——孔子说:"君子对饮食不要求特别丰美,对居住不要求过度舒适,而要敏锐地思考应对每一件事,小心谨慎自己的言行,到有道德的人那里去匡正自己。"

●子曰:"不患人之不己知,患不知人也。"(学而·第一)

——孔子说:"不怕别人不了解自己,只怕自己不了解别人。"

●过则勿惮改。(学而·第一)

——有了过错，就不要怕改正。

●子曰："君子博学于文，约之以礼，亦可以弗畔矣夫。"(雍也·第六)

——孔子说："君子要学识渊博，并以合乎道德的礼法来约束自己，这样生活，就可以不背离道义了。"

●子曰："丘也幸，苟有过，人必知之。"(述而·第七)

——孔子说："我真是幸运。如果有错，人家一定会指出来，这样能使我及时去改正。"

●子曰："君子泰而不骄，小人骄而不泰。"(子路·第十三)

——孔子说："君子安详舒泰而不骄横，小人骄横而不安详舒泰。"

●子曰："不患人之不己知，患其不能也。"(宪问·第十四)

——孔子说："不忧虑别人不知道自己，只担心自己没有本事。"

●子曰："志士仁人，无求生以害仁，有杀身以成仁。"(卫灵公·第十五)

——孔子说："志士仁人，没有贪生怕死而损害仁的，只有牺牲自己的性命来成全仁的。"

●子曰："吾之于人也，谁毁谁誉？如有所誉者，其有所试矣。"(卫灵公·第十五)

——孔子说："我对于别人，诋毁过谁？赞美过谁？如有所赞美的，必须是曾经考验过的。"

●子曰："君子谋道不谋食，君子忧道不忧贫。"(卫灵公·第十五)

——孔子说："君子只谋求行道，不谋求衣食。君子只担心道不能行，不担心贫穷。"

●子曰："里仁为美，择不处仁，焉得知？"(里仁·第四)

——孔子说："跟有仁德的人住在一起，才是好的。如果你选择的住处不是跟有仁德的人在一起，怎么能说你是明智的呢？"

●子曰："以约失之者鲜矣。"(里仁·第四)

——孔子说："用礼来约束，再犯错误的人就少了。"

●子曰:"志于道,据于德,依于仁,游于艺。"(述而·第七)

——孔子说:"以道为志向,以德为根据,以仁为凭借,活动于(礼、乐等)六艺的范围之中。"

●子曰:"不仁者不可以久处约,不可以长处乐。仁者安仁,知者利仁。"(里仁·第四)

——孔子说:"没有仁德的人不能长久地处在贫困中,也不能长久地处在安乐中。仁人是安于仁道的,有智慧的人则是知道仁对自己有利才去行仁的。"

●子曰:"伯夷叔齐不念旧恶,怨是用希。"(公冶长·第五)

——孔子说:"伯夷、叔齐两个人不记人家过去的仇恨(别人对他们的),怨恨因此也就少了。"

●子曰:"知者乐水,仁者乐山;知者动,仁者静;知者乐,仁者寿。"(雍也·第六)

——孔子说:"聪明人喜爱水,有仁德者喜爱山;聪明人好动,有仁德者沉静。聪明人快乐,有仁德者长寿。"

二

晓风晨语

●你微笑时,全世界跟着你微笑;你哭时,只有你在哭。

常见多音字

B1

纵横捭阖 bǎi	稗官野史 bài	扳平 bān
同胞 bāo	炮羊肉 bāo	剥皮 bāo
薄纸 báo	并行不悖 bèi	蓓蕾 bèi
奔波 bō	投奔 bèn	迸发 bèng
包庇 bì	麻痹 bì	奴颜婢膝 bì
刚愎自用 bì	复辟 bì	濒临 bīn
针砭 biān	屏气 bǐng	摒弃 bìng
剥削 bō xuē	波涛 bō	菠菜 bō

常见词语

B1

跋山涉水	抱残守缺	班门弄斧	稗官野史
卑躬屈膝	碑帖临摹	杯盘狼藉	并行不悖
步入正轨	拔苗助长	病入膏肓	变本加厉
白手起家	白首穷经	白日做梦	百年大计
百家争鸣	百发百中	斑驳陆离	搬弄是非
杯弓蛇影	半路出家	半途而废	榜上有名
傍人门户	包罗万象	宝刀未老	饱食终日
饱经风霜	保国安民	报仇雪恨	抱恨终天
杯水车薪	卑鄙无耻	悲欢离合	北面称臣
背道而驰	背信弃义	背水一战	奔走相告
本末倒置	抱头鼠窜	笨口拙舌	笨鸟先飞

逼上梁山	比肩接踵	比比皆是	碧空万里
碧血丹心	闭关自守	闭月羞花	闭门造车
辩证法	一帮人	百衲本	百叶窗
摆擂台	板羽球	版权页	半吊子

比比看看

B1

把持　操纵

把持:是独占、独揽的意思,往往是公开性的活动。操纵:是支配、控制的意思,多是幕后行为。

颁布　公布

颁布:内容常是法令等。公布:内容常是方案、名单、账目、成绩、数字等。

包含　包涵

包含:里边含有。包涵:客套话,请人原谅。

抱怨　报怨

抱怨:指因不满而埋怨。报怨:对所怨恨的人作出反应,现在不常用,常见的成语似乎只有"以德报怨"。

暴发　爆发

暴发:有两个意思。第一指突然发财或得势,多含贬义,如暴发户,这一点不会与"爆发"混淆;第二指突然发作,多指自然具体的现象或事物突然发作,如山洪、流行病、雪崩等。爆发:作忽然发作讲时,多指人为的大的抽象的现象或情况,如力量情绪事变等忽然发作或发生。另外,还可特指火山爆发,还有战争、革命、大笑。

卑劣　卑鄙

卑劣:卑鄙恶劣。卑鄙:(语言行为)恶劣,不道德。

本领　本事

本领:侧重于工作的技能,特殊的技巧。本事:侧重于活动的能力,如他有本事。

本义　本意

本义:词的本来意义,与引申义、比喻义相对。本意:心里本来的想法、目的。

必须 必需

必须:副词,用在动词前,表示事理情理上的必要、一定要,或用于加强命令语气。必需:动词,用在名词前表示"一定要有",可作谓语,如阵地战也必需;也作形容词,修饰名词,做定语,如必需的素质。

表扬 表彰

表扬:对好人好事公开赞美。表彰:表扬伟大功绩、壮烈事迹。

变换 变幻

变换:指事物的一种形式或内容换成另一种。变幻:指无规则地改变,令人捉摸不定。

辨正 辨证

辨正:辨明是非,纠正谬误。如辨正发音,可写作"辩正"。辨证:辨析考证,如经学者多方辨证。亦为中医术语,如辨证医治。

辨别 鉴别

辨别:侧重于把事物区分开。鉴别:侧重于审定真伪或好坏。

成语积累

(★ 表示错误用法)

B1

别无长物——意思是"除此之外,空无所有",指物质,非才能。
　　★他谦虚地说:"我既不擅长唱歌,也不喜欢运动;除了画画,就别无长物了。"

捕风捉影——比喻说话办事没有丝毫根据。★这位文学老人被誉为"农民诗人",他最善于在田间地头和锅台灶边捕风捉影,从普通百姓的日常小事中发现劳动之乐、生活之趣和人性之美。

不足为训——不值得作为效法的准则或榜样。"训",准则;容易误用为"教训"。★这样的小错误对于整个项目的要求来说是无伤大雅、不足为训的。

不情之请——不合情理的请求。提出请求时用的套语,是一个自谦之词。★你的这个不情之请让我很为难,过两天我再答复你吧。

不胫而走——没有腿却能跑,形容传布迅速。★便民箱、井盖板、金属垃圾桶被盗,名草名花,不胫而走,这些发生在城市里的不文明现象,令人气愤。(此处应为"不翼而飞",比喻东西突然不见了。)

不耻下问——是指不以向地位比自己低的知识比自己少的人请教为耻辱。★他是个计算机专家,又会两种外国语,我们这些初学计算机的人要虚心向他求教,不耻下问。

不容分说——不容人分辩解释,不容许分辩说明。★科技发展带来的便利是不容分说的,千里之外的问候,只要一个短信,瞬间就能完成。

不谋而合——是说事先没有经过商量而彼此的意见或行动相同。光明村委会提出,在旅游淡季积极开展果品销售,将旅游业和果业的开发有效地结合起来,这与专家的意见不谋而合。

不期而遇——指没有约定而意外相遇,主语应是人。★显然,打造"信用政府"和发展"民营经济"这两大热点,在民众的关注下不期而遇了。(使用对象错误)

半斤八两——比喻彼此一样,不相上下。多含贬义。★陕西剪纸粗犷朴实,简练夸张,同江南一带细致工整的风格相比,真是半斤八两,各有千秋。(感情、语体色彩不协调)

半青半黄——是指庄稼半熟半不熟,也可以比喻其他事物或思想未达到成熟阶段。★他气得脸色半青半黄,嘴唇哆嗦了半天,什么话也说不出来。

不屑一顾——意思是不值得一看,比喻不重视。一项社会调查显示,现在很多中学生在学校里见到老师都能亲切问好,而见到烧锅炉的、打扫厕所的和食堂打饭的工人师傅,却都不屑一顾。(用以指中学生对工人师傅的态度是正确的)

不知所云——本为谦词,谓自己思绪紊乱,不知道说了些什么。今泛指言语混乱或空洞。易误解为"听者没有理解"。★先生上课时旁征博引,还不时夹杂着一些外语词汇,使得外语尚未过关的学生,简直不知所云。

不可开交——无法摆脱或结束。前面常加"忙得""打得"等。★兄弟俩原来关系亲密,好得不可开交,但是自从弟弟结了婚,不知怎么,两兄弟渐渐形同路人。

毕其功于一役——比喻做一次就结束战斗,一次性解决问题。★我们不要被眼前这几十吨重的庞然大物所吓倒,只要大家齐心协力,毕其功于一役,就一定能把这部机器装上车。

筚路蓝缕——指驾着柴车,穿着破旧的衣服去开辟山林。形容创业的艰苦。★近年来禽流感在国内时有发生,危害极大,各级政府必须筚路蓝缕,积极做好预防,以免给人民的生命财产带来损失。(误解词义)

不三不四——有两个基本意思,一是不正派,二是不像样子。本来还不错的一篇文章,让你们这样改来改去,反而改得不三不四了。(这里取第二个意思,是正确的。)

不伦不类——在形容人时多指人的着装不得体。

不遗余力——是说用尽全部力量,一点也不保留。为了这个新产品的问世,他可是不遗余力,辛勤的汗水终于换来了成功的喜悦。(用以表现"他"为新产品的问世而辛勤工作是可以的)

斑驳陆离——形容色彩繁杂。下面,就让我们一起来欣赏古瓷的细润秀美、古玉的丰腴有泽和古钱的斑驳陆离吧。(用以形容古钱是正确的。)

不约而同——指事先没有商量、约定,彼此的言论或行动完全一致。★侦察员小吴谈了自己的看法,队长和老王听后相视一笑,小吴的看法与他俩不约而同。(改为"不谋而合"好)

不可或缺——就是不可缺少的意思。在现代社会生活中,电视和电脑这一对时代的宠儿,对我们来说几乎是不可或缺的。

比翼双飞——特指夫妻亲密无间,形影不离。★比翼双飞两状元——记我市理科最高分获得者吕静姝、王晓波。

不可思议——形容事物不可想象或难以理解。"议",理解。★
在物种生命的链条上,任何一种生物的灭绝都会
给世界带来不可思议的后果。

杯弓蛇影——比喻疑神疑鬼,自相惊扰。★刘华非常激动,高
声争辩说:"你们说的这些都是杯弓蛇影,无中生
有,完全不符合事实。"

不胜其烦——贬义词,指不能忍受其烦琐。常误用为"不厌其
烦"。★马大嫂为人热情,工作兢兢业业,总是不
胜其烦地为小区居民做好每一件事。

不厌其详——是说不嫌详细,越详细越好。中央书记处书记到
党校看望正在这里学习的纪检监察系统的学员,
不厌其详地询问他们在基层工作的情况。(用在
句中表现书记询问工作情况是恰当的)

不学无术——指"没有学问、才能"。"学",学问,容易误解为,
学习。不能用"整天""整月"等修饰。

不以为意——不把它放在心上。表示对人、对事抱轻视态度。
个别民警认为工作时间饮点酒是小事一桩,就不
以为意,结果因违犯公安部颁布的"五条禁令"而
受到查处。

不以为然——不认为是对的,含有轻视的意思。表示不同意或
否定。★1.某些不遵守交通规则的人,对于闯红
灯总是不以为然,认为只要不朝汽车撞,总会没
事的。★2.对于孩子的毛病,他总是不以为然,觉
得这些毛病无关紧要,不必大惊小怪。★3.开始,
人家送礼他都不收,时间长了,他就认为是小事
一桩,犯不着太认真,也就不以为然了。(改为"不
认为错")★4.对作文中的错别字,有的同学不以
为然,长此以往,就会成为"白字先生"。(改为"不
以为意")

不容置喙——是"不容许插嘴"的意思。★"权钱交易""权权交
易"等时下的腐败病症,在文艺界虽不说样样俱
全,但该领域遭受"感染"却是不容置喙的事实。
(在这里应该用"不容置疑",不允许有什么怀疑。
表示论证严密,无可怀疑。)

不忍卒读——"不忍心读完",形容文章的"悲"。常误用为形容文章写得不好。

白驹过隙——白驹(jū),原指骏马,后比喻日影。比喻时间过得很快,就像骏马在细小的缝隙前飞快地越过一样。★1.这些纺织工人手艺高超,如同白驹过隙,能够非常熟练地编出各种图案。★2.突然,一个影子如白驹过隙般一闪而过,快捷异常。

稗官野史——稗(bài)官,古代的小官。野史,古代私家编撰的史书。指记载轶闻琐事的作品。

鞭辟入里——形容言词或文章的道理很深刻、透彻。

阪上走丸——阪(bǎn),山坡,斜坡。形容事情发展很快。★从某种意义上讲,搞财务工作犹如阪上走丸,有一定的风险,只有精通业务,严于律己,才能"化险为夷"。

古诗欣赏
春之声

【原诗】

元 日

宋 王安石

爆竹声中一岁除,
春风送暖入屠苏。
千门万户曈曈日,
总把新桃换旧符。

【注释】

元日:农历正月初一,即现在的春节。

爆竹:鞭炮。山家以除夕烧竹,竹爆裂之声令山魈畏惧而远避。

一岁除:一年过去了。

屠苏:屠苏酒。古时候的风俗,每年除夕家家用屠苏草泡酒,吊在井里,元旦取出来,全家老小朝东喝屠苏酒。全句说,春风把暖气吹进了屠苏酒(意思是说,喝了屠苏酒,暖洋洋地感觉到春天已经来了)。

曈曈:光辉灿烂。全句说,初升的太阳照遍了千家万户。

桃符:画着门神或题着门神名字的桃木板,后来演变成春联。

总把新桃换旧符:总拿新门神换掉了旧门神。桃符是用桃木做成的,古时候逢到新年,家家户户都用两块桃木板子,画上两个神像,挂在大门上,说是可以驱除魔鬼。

【诗意】

在噼噼啪啪的爆竹声中,送走了旧年迎来了新年。春风已把温暖送进了屠苏酒碗,初升的太阳照耀着千门万户。家家户户都取下了旧桃符,换上新桃符,迎接新春。

【品悟】

王安石既是政治家,又是诗人。他的这首七言绝句,通过新年元旦新气象的描写,抒写自己执政变法,除旧布新,强国富民的抱负和乐观自信的情绪。全诗热闹、欢乐,写得生动活泼,绘声绘色,洋溢着迎新的喜悦,生活气息很浓。

起句"爆竹声中一岁除",在阵阵鞭炮声中送走旧岁,迎来新年。紧扣题目,渲染春节热闹欢乐的气氛。

次句"春风送暖入屠苏",描写人们迎着和煦的春风,开怀畅饮屠苏酒。

三句"千门万户瞳瞳日",写旭日的光辉普照千家万户。用"瞳瞳"表现日出时光辉灿烂的景象,象征无限光明美好的前景。

结句"总把新桃换旧符",既是写当时的民间习俗,又寓含除旧布新的意思。"桃符"是一种绘有神像、挂在门上避邪的桃木板。每年元旦取下旧桃符,换上新桃符。"新桃换旧符"与首句爆竹送旧岁紧密呼应,形象地表现了万象更新的景象。

全诗文笔轻快,色调明朗,眼前景与心中情水乳交融,确是一首融情入景,寓意深刻的好诗。

【关键词】

内容上:新年元旦新气象　执政变法除旧布新

手法上:融情入景

经典诵读

弟子规·出则弟

兄道友	弟道恭	兄弟睦	孝在中
财物轻	怨何生	言语忍	忿自泯
或饮食	或坐走	长者先	幼者后
长呼人	即代叫	人不在	己即到
称尊长	勿呼名	对尊长	勿见能
路遇长	疾趋揖	长无言	退恭立
骑下马	乘下车	过犹待	百步余
长者立	幼勿坐	长者坐	命乃坐
尊长前	声要低	低不闻	却非宜
进必趋	退必迟	问起对	视勿移
事诸父	如事父	事诸兄	如事兄

名言名句

论语名句——道德篇

●子曰："德之不修,学之不讲,闻义不能徙,不善不能改,是吾忧也。"(述而·第七)

——孔子说："对品德不去修养,学问不去讲求,听到义不能去做,有了不善的事不能改正,这些都是我所忧虑的事情。"

●子曰："饭疏、食饮水,曲肱而枕之,乐亦在其中矣。不义而富且贵,于我如浮云。"(述而·第七)

——孔子说："吃素食,喝清水,弯曲胳膊当枕头,恬淡的乐趣就在其中了。用不正当的方法得到的富贵,对于我就像天上的浮云一样轻幻。"

●子曰："骥不称其力,称其德也。"(宪问·第十四)

——孔子说："千里马值得称赞的不是它的气力,而是它的品德。"

●子曰："唯仁者能好人,能恶人。"(里仁·第四)

——孔子说："只有具备仁德这样道德标准的人,才能真正识别出人的善恶与好坏。"

●夫仁者,己欲立而立人,己欲达而达人。能近取譬,可谓仁之方也已。(雍也·第六)

——真正的仁德之人,就是要想自己在社会中站得住脚,也要帮助他人一同站得住脚;要想自己过得幸福与自由,也要帮助别人一同过得幸福与自由。凡事能以这样的标准推己及人,可以说就是实行仁德的方法了。

●子曰:"中庸之为德也,其至矣乎! 民鲜久矣。"(雍也·第六)

——孔子说:"中庸是人们遵循道义如出自己的本性一样,自自然然,不偏不倚的道德,该是最高的一种道德标准了吧! 可是长久以来哪一个国家的人民能够认识并遵行这一道德准则呢?"

●子曰:"能行五者于天下为仁矣。""请问之。"曰:"恭、宽、信、敏、惠。恭则不侮,宽则得众,信则人任焉,敏则有功,惠则足以使人。"(阳货·第十七)

——孔子说:"能够处处实行五种品德,就能达到仁德的境界了。"子张说:"请问哪五种。"孔子说:"庄重、宽厚、诚实、勤敏、慈惠。庄重就不致遭受侮辱,宽厚就会得到众人的拥护,诚信就能得到别人的任用,勤敏就会提高工作效率,慈惠就能够更好地使唤人。"

●子曰:"有德者必有言,有言者不必有德。仁者必有勇,勇者不必有仁。"(宪问·第十四)

——孔子说:"有道德的人,一定有言论,有言论的人不一定有道德。仁德的人一定勇敢,勇敢的人都不一定有仁德。"

●子曰:"民之于仁也,甚于水火。"(卫灵公·第十五)

——孔子说:"仁德对于百姓太重要了,离了水火人们无法生存,离了仁德人们也将无法生存。"

●子曰:"言忠信,行笃敬,虽蛮貊之邦,行矣。言不忠信,行不笃敬,虽州里,行乎哉?"(卫灵公·第十五)

——孔子说:"如果人人言语上诚实无欺,行为上忠厚认真,这样即使到了原始未开化的地区,道义也能在社会上畅行无阻。如果人人言语上欺诈无信,行为上刻薄轻浮,这样即使在本乡本土,道义怎能畅行无阻呢?"

●孝弟也者,其为人之本与。(卫灵公·第十五)

——孝顺父母、顺从兄长,这就是仁的根本啊!

三

●不为失败找理由,只为成功找方法。

常见多音字

B2

停泊 bó	淡薄 bó	薄命 bó	单薄 báo
冰雹 báo	堡垒 bǎo	堡子 bǔ	稗草 bài
迸发 bèng	蹩脚 bié	濒临 bīn	摈弃 bìn
秘鲁 bì	奴婢 bì	裨益 bì	刚愎 bì
荫庇 bì	哺育 bǔ	手臂 bì	胳臂 bei
针砭 biān	屏气 bǐng	衣钵 bō	巨擘 bò
一曝十寒 pù			

常见词语

B2

编纂字典	暴风骤雨	不辨菽麦	不卑不亢
不计其数	不胫而走	不可思议	不屑一顾
部署已定	标新立异	别具一格	不刊之论
鞭长莫及	遍体鳞伤	遍地开花	变幻莫测
彪形大汉	表里如一	别开生面	别有用心
宾至如归	兵不厌诈	兵荒马乱	冰天雪地
冰清玉洁	秉烛夜游	并驾齐驱	病入膏肓
拨云见日	拨乱反正	勃然大怒	勃然兴起
薄情寡义	博古通今	博大精深	博学多才
捕风捉影	不拘一格	斑斑驳驳	步人后尘
步步为营	步调一致	不可救药	
不眨眼	伴生树	绊脚石	包干制
背黑锅	保证书	辩护人	白大褂

B2

哺养　抚养

哺养:喂养,使长大。抚养:抚育、照料并教养。

不单　不但

不单:多表并列关系。不但:表递进关系。

不齿　不耻

不齿:指不愿意提到,表示鄙视。不耻:意思是"不以……为耻""不认为……是可耻的"。二者表意正好相反。

不力　不利

不力:不尽力,如措施不力。不利:没好处,不顺利,如出师不利。

不至(不至于)　不致(不致于)

不至(不至于):不会达到某种程度,如决不至于不知道。不致(不致于):不会引发某种后果,如决不致于犯错误。

不止　不只

不止:表示数量范围超出。不只:不但,不仅,常同"还有"、"甚至"等连用,表示递进关系。

布置　部署

布置:安排,陈列。部署:安排布置(比较大的事)。

B2

暴虎冯河——暴,徒手搏斗。冯(píng),徒步。赤手空拳打老虎,没有渡船要过河。比喻有勇无谋,冒险行事。

暴殄天物——暴,损害。殄(tiǎn),灭绝。原指残害灭绝天生的自然资源,后泛指任意损害糟蹋物品。

杯盘狼藉——狼藉,杂乱的样子。杯盘等放得乱七八糟,形容宴饮已毕或将毕时的情景。★劳动节那天,爸爸的三个老友来我家聚餐,饭桌上觥筹交错,杯盘狼藉,十分热闹。

别具一格——另有一种风格。无锡的梅园,面临太湖,以梅饰山,以山饰梅,别具一格。

别开生面——生面,新的格局。另外开创新的局面或创造新的格局。

不经之谈——经,正常,合理。荒唐的没有根据的话。

不法常可——常可,永久不变的道理,成规。不盲目效法因袭历来所认可的事。

不负众望——没辜负大家的期望,褒义。

不孚众望——孚(fú),使人信服。没有使群众信服,贬义。这次选举,本来他是最有希望的,但由于他近来的所作所为不孚众望,结果落选了。

不刊之论——刊,削除,删改。形容不可改动或不可磨灭的言论。不能把"刊"理解成"刊登"。★1.这篇论文观点新颖,论据有力,材料丰富,文字精当,堪称不刊之论。★2.这篇文章写得太差,真是不刊之论。

不易之论——易,更改。形容论断或意见完全正确。

不堪设想——对将来的结果不能想象,预料将来的结果很坏或很危险。★这里的防汛工作,如果离开了党的领导,要想取得胜利是不堪设想的。

不耻下问——不以向地位、学问较自己低的人请教为可耻。★我们一定要谦虚谨慎,不耻下问,认真学习别人的先进经验,把工作做得更好。

不落窠臼——比喻文章或艺术等有独创风格,不落俗套。这本侦破小说,构思新颖,不落窠臼,值得一看。

不动声色——不说话,不流露感情。形容态度很镇静。★他的自制能力好,不管环境多嘈杂,都能不动声色地埋头读书,所以成绩很好。

不可收拾——原意是没法归类整顿,后形容事物败坏到不可救药的地步。★他出版了一部描写农民现状的小说《空槐》以后,便一发不可收拾。(褒贬误用)

不遗余力——用出全部力量,一点也不保留。为了这个新产品的问世,他可是不遗余力,辛勤的汗水终于换来了成功的喜悦。

不足为训——训,准则。不能当作典范或法则讲,不能误为"不值得作为教训"。★1.这次错误虽然不很严重,但如果认为它不足为训,不引以为戒,以后就会吃大亏的。★2.这家工厂虽然也取得了某些经济效益,但他们的有些做法,却不足为训。

不修边幅——边幅,本指布帛的边缘,借以比喻人的仪表、衣着、生活作风。原来形容不拘小节。后来形容不注意衣衫、容貌的整洁。

不名一文——亦作"不名一钱"。名,占有。一个钱也没有。★胡长清大搞权钱交易,贪婪腐败,最后受到法律的严惩,他的人格真可说是不名一文。(用"不值一钱"为好)

不假思索——用不着想。形容说话做事迅速。★同志们都认为,他这个人办事向来深思熟虑,计划周密,不假思索。

不可理喻——喻,使明白。没法用道理使之明白。形容蛮不讲理。★好好一个连长他不当,却自愿到一个负债近百万的服装厂当厂长,大家都觉得不可理喻。

不绝如缕——原来比喻形势危急得就像即将断绝的一根细线那样。后来也比喻技艺或其他方面的继承人稀少。还比喻声音细微。★我漫步在运动场上,看到彩旗猎猎,叫喊声、助威声不绝如缕。(与运动场上叫喊声、助威声之大矛盾)

并驾齐驱——本指几匹马并排拉着车一起奔跑,后比喻彼此不相上下,齐头并进。★她终于认识了自己,战胜了自我。在新的学年里,她德智体美劳全面发展,并驾齐驱,被评为优秀学生干部。

古诗欣赏

春之声

【原诗】

春 日

宋 朱熹

胜日寻芳泗水滨,
无边光景一时新。
等闲识得东风面,
万紫千红总是春。

【注释】

　　春日:春季来临的日子。

　　胜日:良辰佳日,指春光明媚的好日子。

　　寻芳:到郊外游览赏花。

　　泗水:河的名字,在山东省中部,源于泗水县,流入淮河。

　　滨:水边,河边。

　　光景:风光景物。

　　一时:这里指短时间。

　　等闲:平常,轻易。"等闲识得"是容易识别的意思。

　　东风:春风。

　　万紫千红:形容百花盛开,景物绚丽多彩。

【诗意】

　　风和日丽,游春在泗水之滨,无边无际的风光焕然一新。谁都可以轻易看出春天的面貌,春风吹得百花开放、万紫千红,到处都是春天的景致。

【品悟】

　　朱熹(1130~1200年),字元晦,号晦庵,晚称晦翁,又称紫阳先生,谥文,又称朱文公。汉族,祖籍南宋江南东路徽州府婺源县(今江西省婺源),出生于南剑州尤溪(今属福建三明市)。南宋著名的理学家、思想家、哲学家、教育家、诗人,世称朱子,是孔子、孟子以来最杰出的弘扬儒学的大师,诗歌也写得清新自然。

　　这是一首咏春诗。它不仅形象地概括了春光的明媚灿烂,而且抒发了诗人愉快的心情。文字活泼流畅,清新质朴。

　　首句"胜日寻芳泗水滨","胜日"指晴日,点明天气。"泗水滨"点明地点。"寻芳",即是寻觅美好的春景,点明了主题。次句"无边光景一时新",写观赏春景中获得的初步印象。用"无边"形容视线所及的全部风光景物。"一时新",写出了春回大地,自然景物焕然一新的欣喜感觉。第三句"等闲识得东风面","识"字承首句中的"寻"字。"等闲识得"是说春天的面容与特征是很容易辨认的。第四句"万紫千红总是春",是说这万紫千红的景象全是由春光点染而成的,人们从这万紫千红中认识了春天,感受到了春天的美。

　　这也是一首哲理诗。从字面上看,这首诗好像是写游春观感,但细究寻芳的地点是泗水之滨,而此地在宋南渡时早被金人侵占。朱熹未曾北上,当然不可能在泗水之滨游春吟赏。其实诗中的"泗水"暗指孔门,因为春秋时孔子曾在洙、泗之间弦歌讲学,教授弟子。因此所谓"寻访"是指求圣人之道。"万紫千红"喻孔学的丰富多彩。诗人将圣人之道比作催发生机、点燃万物的春风。

【关键词】

内容上:春光的明媚灿烂 愉快的心情

手法上:融情入景 对照

经典诵读

弟子规·谨

朝起早	夜眠迟	老易至	惜此时
晨必盥	兼漱口	便溺回	辄净手
冠必正	纽必结	袜与履	俱紧切
置冠服	有定位	勿乱顿	致污秽
衣贵洁	不贵华	上循分	下称家
对饮食	勿拣择	食适可	勿过则
年方少	勿饮酒	饮酒醉	最为丑
步从容	立端正	揖深圆	拜恭敬
勿践阈	勿跛倚	勿箕踞	勿摇髀
缓揭帘	勿有声	宽转弯	勿触棱
执虚器	如执盈	入虚室	如有人
事勿忙	忙多错	勿畏难	勿轻略
斗闹场	绝勿近	邪僻事	绝勿问
将入门	问孰存	将上堂	声必扬
人问谁	对以名	吾与我	不分明
用人物	须明求	倘不问	即为偷
借人物	及时还	后有急	借不难

名言名句

论语名句——孝悌篇

●子曰:"弟子入则孝,出则弟,谨而信,泛爱众,而亲仁,行有余力,则以学文。"(学而·第一)

——孔子说："弟子们在家,就要孝顺父母;出门在外,要友爱兄弟,言行要谨慎,要诚实可信,要对人有爱心,要亲近那些有仁德的人。这样躬行实践之后,还有余力的话,就再去学习文献知识。"

●子曰:"生,事之以礼;死,葬之以礼,祭之以礼。"(为政·第二)

——孔子说："父母活着的时候,要按礼节来侍奉他们;父母去世后,要按礼节埋葬他们、祭祀他们。"

●子曰:"父母唯其疾之忧。"(为政·第二)

——孔子说:"对父母,要特别为他们的疾病担忧(这样做就可以算是尽孝了)。"

●孟懿子问孝,子曰:"色难。有事,弟子服其劳;有酒食,先生馔,曾是以为孝乎?"(为政·第二)

——孟懿子问什么是孝,孔子说:"(当子女的要尽到孝),最不容易的就是对父母和颜悦色,让父母脸上经常有愉悦的容色。如果有了事情,儿女需要替父母去做,有了酒饭,让父母先吃,难道能认为这样就可以算是孝了吗?"

●子游问孝,子曰:"今之孝者,是谓能养。至于犬马,皆能有养,不敬,何以别乎?"(为政·第二)

——子游问什么是孝,孔子说:"如今所谓的孝,只是说能够赡养父母便足够了。然而,就是犬和马都能够得到饲养。如果不存心孝敬父母,那么赡养父母与饲养犬马又有什么区别呢?"

●子曰:"父母之年,不可不知也。一则以喜,一则以惧。"(里仁·第四)

——孔子说:"父母的年纪,不能不常常记在心里,一方面因他们的长寿而高兴,一方面又为他们的衰老而恐惧。"

●子曰:"父母在,不远游,游必有方。"(里仁·第四)

——孔子说:"父母在世,不远离家乡;如果不得已要出远门,也一定要告知父母自己所要去的地方及归期。"

●子曰:"事父母几谏,见志不从,又敬不违,劳而不怨。"(里仁·第四)

——孔子说:"侍奉父母,(如果父母有不对的地方),要委婉地劝说他们,如果建议没有被听从,还是要对他们恭恭敬敬,并不违抗,替他们操劳而不怨恨。"

四

● 大多数的人心好比两只箱子,一只藏着恶念,一只储存善念,两只箱子都闭得紧紧的,全看你打开的是那一只箱子。

● 凡你想给予自己的经验,就给予别人;想别人怎么对你,就怎么对待别人。

C1

粗糙 cāo	嘈杂 cáo	参差 cēn cī
差错 chā	偏差 chā	差距 chā
搽粉 chá	野猹 chá	刹那 chà
差遣 chāi	侪辈 chái	蝉联 chán
谄媚 chǎn	婵娟 chán	忏悔 chàn
羼水 chàn	发颤 chàn	场院 cháng
一场 cháng	赔偿 cháng	徜徉 cháng
为虎作伥 chāng	惝怳 chǎng	绰起 chāo
风驰电掣 chè	干坼 chè	嗔怪 chēn
瞋目 chēn	撑腰 chēng	瞠目 chēng
乘机 chéng	惩处 chéng	驰骋 chěng
惩前毖后 chéng		

C1

沧海桑田	沧海一粟	彩陶文化	财政寡头
畅所欲言	惨绝人寰	惨遭屠戮	惨无人道
惨淡经营	称心如意	驰骋疆场	川流不息
才高八斗	戳穿阴谋	赤膊上阵	辰巳午未
才疏学浅	才貌双全	残兵败将	蚕食鲸吞

惨不忍睹	仓皇失措	藏头露尾	藏龙卧虎
藏污纳垢	操之过急	草木皆兵	草菅人命
侧目而视	曾经沧海	层出不穷	层见叠出
层峦叠嶂	差强人意	差之毫厘	插翅难飞
插科打诨	茶余饭后	察言观色	诧为其事
豺狼当道	垂涎欲滴	长篇大论	畅通无阻
畅所欲言	超然物外	超凡脱俗	彻头彻尾
臣心如水	陈词滥调	陈规陋习	沉鱼落雁
趁热打铁	趁火打劫	称心如意	称兄道弟
称王称霸	乘风破浪	乘人之危	乘龙快婿
城下之盟	成人之美	成年累月	成家立业
成群结队	成竹在胸	诚心诚意	诚惶诚恐
承前启后	承上启下	惩前毖后	惩一儆百
吃苦耐劳	吃一堑长一智		持之以恒
尺短寸长	赤胆忠心	赤手空拳	充耳不闻
冲锋陷阵	重蹈覆辙	重温旧梦	重整旗鼓
重足而立	重生父母		
采莲船	菜籽油	草木灰	茶博士
颤巍巍	常备军	肠梗阻	超短波
炒冷饭	炒鱿鱼	沉住气	乘务员
吃不开	吃零嘴	赤练蛇	充其量

比比看看

C1

查访　察访

查访:调查打听(案情)。察访:通过观察和访问进行调查。

铲除　根除

铲除:对象除抽象事物如旧思想、旧意识外,还可指具体事物。根除:比铲除程度重,对象多是抽象的、有害的事物。

长年　常年

长年:一年到头,整年。如长年积雪、长年劳作。常年:①终年、长期,如常年坚持体育活动。②平常年份,如常年产量不过200斤。

陈规　成规

陈规:过时的、不适用的规章制度,如陈规陋习。成规:现行或行之已久的规则、方法,如墨守成规。

沉湎　沉浸

沉湎:沉溺,指陷入不良的境地(多指生活习惯方面)。沉浸:浸入水中,多比喻处于某种境界或思想活动中。

沉湎　满足

沉湎:指深深地迷恋,不能自拔。满足:指满意。

承受　备受

承受:接受、经受。备受:经受得多,比"承受"的程度深。

弛缓　迟缓

弛缓:放松、缓和,如紧张的情绪慢慢弛缓下来。迟缓:缓慢,与"迅速"相对,如迟缓地迈着步子。

惩罚　制裁

惩罚:严厉地处罚。制裁:用强力管束并惩处,使不得胡作非为。

重新　从新

重新和从新都是副词,两个词的意思基本一样,现在用"重新"的居多,不过这两个词也有细微的差别:"重新"表示从头另行开始,但不是旧的重复,而是变更方式或内容;"从新"有从头做起的意思,从新来一遍,是说从头再做一遍,而无什么变化。

充斥　充满

充斥:指到处都塞满,带厌恶色彩,是贬义词。充满:泛指填满或充分具有,可指具体事物。

抽象　概括

抽象:指从许多事物中,舍弃个别的、非本质的属性,抽出共同的、本质的属性。概括:指把事物的共同特点归结在一起。

筹办　筹措

筹办:筹划办理。筹措:设法弄到(款子、粮食等)

筹备　准备

筹备:指筹划、考虑,比准备更加周到、更加全面,多指慎重而重大的事情。准备:预先安排,多指一般行动。

踌躇　犹豫　迟疑

踌躇:指人的外部表情不果断。犹豫:侧重于人的内心活动,拿不定主意。迟疑:指没有主见,行动迟缓,不果断。

出席　列席

出席:正式代表。列席:非正式代表。

出自　出生

出身:人的早期经历或身份,如出身于干部家庭。出生:生下来,侧重于自然属性,如出生于20世纪初。

出现　涌现

出现:运用范围比涌现广,它可指人,如出现好人好事;也可以指抽象事物,如出现好现象。涌现:指大量出现,多指具体的、好的、大量的,如涌现大批积极分子。

处世　处事

处世:指人事交往、参加社会活动,如处世稳健、为人处世。处事:办事、处理事务,如处事认真,从不马虎。

处处　到处

处处:各个地方,各个方面。到处:各处,处处。"到处"比"处处"的动作性强,而"处处"侧重客观存在。

传诵　传颂

传诵:辗转传布诵读,辗转传布称道。传颂:辗转传布颂扬。

创建　创见

创建:动词,创立。创见:名词,独到的见解。

成语积累

（★表示错误用法）

C1

陈言务去——陈旧的言词一定要去掉，也指写作时要排除俗套,努力创新。

差强人意——"基本上能让人满意,勉强符合人的心意",它的意思是基本肯定的。"差",稍微。多误解为不能使人满意。★1.他们差强人意的服务质量,不仅给社区居民的生活带来诸多不便,而且有损职能部门在公众中的形象。★2.虽然中国队小组赛初战告捷,但从比赛中整个球队在战术意识、进攻手段和体能上的表现来看,也只能说是差强人意。

★3. 我国中学的物理实验教学还有差强人意的地方，因此，我国的学员不通过补课根本无法参加物理奥林匹克竞赛。★4. 我本来就对那里的情况不熟悉，你却硬要派我去，这不是差强人意吗？（改"强人所难"为好）★5. 最近，那位足球明星在场上情绪低落，心不在焉，传球和防守都差强人意，真是令人失望。

猝不及防——猝，突然，出其不意。事情来得突然，来不及防备。午后，我独自在花间小径上穿行，猝不及防地被一只蝴蝶在面颊上点了一个触吻，一时，心头掠过了几许诗意般的遐想。

处心积虑——指千方百计地盘算（做坏事）。贬义词。常误解为"殚精竭虑"。★为了救活这家濒临倒闭的工厂，新上任的厂领导积极开展市场调查，狠抓产品质量和开发，真可谓处心积虑。

诚惶诚恐——原是君主时代臣下给君主奏章中的客套话，现在指惶恐不安。★有志气的青年在困难面前一定十分沉着，想办法加以克服，而不会诚惶诚恐，被困难吓倒。（原句是说，有志气的青年不会被困难吓倒，在困难面前犹犹豫豫，不敢行动。这里应用"畏首畏尾"。）

城下之盟——敌人兵临城下时被迫接受的屈辱盟约。泛指被迫签订的屈辱条约。★通过民间的交往，两国间逐渐增加了了解，最终签订了城下之盟，希望子孙后代能保持友好睦邻关系。

穿云裂石——形容乐器声或歌声高亢嘹亮。★凌晨，伊拉克首都巴格达响起穿云裂石般的爆炸声，伴随着浓烟滚滚，火光映天。

擦边球——比喻做在规定的界限边缘而不违反规定的事。我们的某些规章制度还不很健全，有的"聪明人"便打起了擦边球，此谋取私利。

长命富贵——用于对小孩的祝福。★正值老教授八十寿辰之际，晚辈们集体送去了一块匾额，上面写着"恭祝您老长命富贵"。

摧枯拉朽——比喻腐朽势力很容易打垮。★年轻的城市，更需要青春和活力，更需要丰富的想象力和摧枯拉朽的创造力，更需要不断超越的勇气。

侧目而视——不满而又惧怕地看着，形容畏惧而又愤恨，易误解为"尊敬"或"轻蔑地看"。★在校运会上，他顽强拼搏，一人勇夺三块金牌，这一成绩，真叫人不能不侧目而视。(句中显然不当，应改成"刮目相看"。)

车水马龙——是说车多得像流水，马多得像游龙，常表示人车往来不绝或形容繁华的情景。★会议期间，农科院等单位在会场外摆出了鲜花盆景销售摊。休息时，摊前车水马龙，产品供不应求。

陈芝麻烂谷子——指陈年旧事。离投票的日子越来越近了，虚虚实实，真真假假，凡是有损施瓦辛格形象的陈芝麻烂谷子都被翻出来了。

古诗欣赏

春之声

【原诗】

春　日

南朝·梁　萧绎

新莺隐叶啭，新燕向窗飞。
柳絮时依洒，梅花乍入衣。
玉珂逐风度，金鞍照日晖。
无令春色晚，独望行人归。

【注释】

莺：黄莺。

隐：隐蔽，隐藏。

依：轻柔飘舞的样子。

乍：忽然；骤然。

玉珂：马笼头上的装饰物，这里指马。

金鞍：华贵的马鞍。

日晖：日光。

无令：不要让。全句是说，不要让春光过去了。

行人：离家在外的远行人。

【品悟】

萧绎的这首《春日》诗,前六句写春色的美妙:黄莺隐没在绿树阴中欢快地歌唱;燕子在窗前翩翩飞舞;洁白的柳絮轻柔飘游在晴朗的天空;俏丽的梅花会骤然地落在行人的身上;人们策马出游,明媚的阳光与金色的马鞍交相辉映,写出了诗人对大好春光的喜爱。后两句写因春光短暂,急切盼望远行人早日归来。诗人的惜春怀人之情溢于言表。

【关键词】

内容上:惜春怀人

艺术上:语言清丽明白　音韵圆婉流转

经典诵读

弟子规·信

凡出言	信为先	诈与妄	奚可焉
话说多	不如少	惟其是	勿佞巧
奸巧语	秽污词	市井气	切戒之
见未真	勿轻言	知未的	勿轻传
事非宜	勿轻诺	苟轻诺	进退错
凡道字	重且舒	勿急疾	勿模糊
彼说长	此说短	不关己	莫闲管
见人善	即思齐	纵去远	以渐跻
见人恶	即内省	有则改	无加警
唯德学	唯才艺	不如人	当自砺
若衣服	若饮食	不如人	勿生戚
闻过怒	闻誉乐	损友来	益友却
闻誉恐	闻过欣	直谅士	渐相亲
无心非	名为错	有心非	名为恶
过能改	归于无	倘掩饰	增一辜

名言名句

论语名句——谦虚篇

●子曰:"文,莫吾犹人也。躬行君子,则吾未之有得。"

——孔子说:"就文学水平来说,大约我和别人差不多,在实践中做一个身体力行的君子,那我还没有做到。"

●子曰:"若圣与仁,则吾岂敢?抑为之不厌,诲人不倦,则可谓云尔已矣。"(述而·第七)

——孔子说:"如果说到圣者与仁者的境界,那我怎么敢当呢!只不过我一直向圣与仁的方向努力而从不厌倦,也不知疲倦地把这种道德的最高理想传授给他人,那么这种说法对我比较合适。"

●子曰:"默而识之,学而不厌,诲人不倦,何有于我哉?"(述而·第七)

——孔子说:"我独自默默地记住(所学的知识),对学习知识不觉得满足,同时把知识传授给他人从不厌倦,除了这些事情之外,我还能做到哪些呢?"

●子曰:"我非生而知之者,好古,敏以求之者也。"(述而·第七)

——孔子说:"我不是生来就有知识的天才人物,而是爱好古代的东西,是一个勤奋敏捷地去求得知识的人。"

●子曰:"出则事公卿,入则事父兄,丧事不敢不勉,不为酒困,何有于我哉?"(子罕·第九)

——孔子说:"参加社会活动时尽到自己职位上应尽的责任,在家里尽到作为家庭成员应尽的责任,别人有了急难之事尽力去帮助,不沉溺于酗酒等不良嗜好,除了这几点以外,我还有什么呢?"

●子曰:"君子道者三,我无能焉:仁者不忧,知者不惑,勇者不惧。"子贡曰:"夫子自道也。"(宪问·第十四)

——孔子说:"君子之道有三个方面,我都未能做到:仁德的人不忧愁,聪明的人不迷惑,勇敢的人不畏惧。"子贡说:"这正是老师的自我表述啊!"

●子曰:"加我数年,五十以学易,可以无大过矣。"(述而·第七)

——孔子说:"再给我几年时间,到五十岁的时候能够去研究《易经》,我的人生便可以没有大的遗憾了。"

●子曰:"十室之邑,必有忠信如丘者焉,不如丘之好学也。"(公冶长·第五)

——孔子说:"即使只有十户人家的小村子,也一定有像我这样讲忠信的人,只是不如我那样好学罢了。"

●子曰:"吾不试,故艺。"(子罕·第九)

——孔子说:"我不曾用学问去求取功名,所以才能获得一些自己想求索的知识。"

●子曰:"述而不作,信而好古,窃比于我老彭。"(述而·第七)

——孔子说:"我只是传承文化而自己没有其他的刻意创作,诚信而善于追求知识的本源,私下里想与老子和彭祖看齐,我就是这样一个人。"

●子曰:"吾有知乎哉?无知也。有鄙夫问于我,空空如也。我叩其两端而竭焉。"(子罕·第九)

——孔子说:"你们以为我真的有学问吗?老实说,我一点也没有。如果有一个没有受过教育的人来请教我个问题,我心里空空的感觉,不知该如何回答。我只不过会从前因后果中推断出一个结论来回答他。"

五

●论人当取其长,曲谅其短;做事必先审其害,后计其利。

●一切苦境,甘之如饴;一切难题,勇敢面对。

常见多音字

C2

鞭笞 chī	痴呆 chī	痴心妄想 chī
白痴 chī	踟蹰 chí chú	奢侈 chǐ
褫夺 chǐ	整饬 chì	炽热 chì
不啻 chì	叱咤 chì	忧心忡忡 chōng
憧憬 chōng	崇拜 chóng	惆怅 chóu
踌躇 chóu chú	瞅见 chǒu	相形见绌 chù
黜免 chù	抽搐 chù	揣摩 chuǎi
揣着书 chuāi	踹开 chuài	椽子 chuán
喘气 chuǎn	创伤 chuāng	悲怆 chuàng
啜泣 chuò	辍学 chuò	宽绰 chuò
椎心痛恨 chuí	纯洁 chún	瑕疵 cī
伺候 cì	烟囱 cōng	从容 cóng
淙淙 cóng	簇拥 cù	一蹴而就 cù
攒射 cuán	璀璨 cuǐ	崔嵬 cuī wéi
忖度 cǔn	蹉跎 cuō tuó	挫折 cuò
一撮儿盐 cuō		

常见词语

C2

踌躇满志	臭名昭著	臭味相投	丑态百出
愁眉苦脸	初出茅庐	初生之犊	初来乍到
刍荛之言	触类旁通	处心积虑	处之泰然

出类拔萃	出神入化	出口成章	出人头地
出奇制胜	出尔反尔	车水马龙	除暴安良
除旧布新	楚汉相争	锄强扶弱	触目惊心
触景生情	川流不息	窗明几净	怆然泪下
创业守成	炊烟袅袅	吹毛求疵	垂头丧气
垂涎三尺	捶胸顿足	春光明媚	春风化雨
唇枪舌剑	唇亡齿寒	唇齿相依	蠢蠢欲动
词不达意	慈眉善目	此起彼伏	此地无银三百两
从长计议	从中斡旋	粗心大意	粗茶淡饭
粗枝大叶	促膝谈心	摧眉折腰	摧枯拉朽
翠叶珠花	寸步不离	寸草不留	寸步难行
寸土必争	搓手顿脚	措手不及	错综复杂
冲击波	丑表功	出发点	出世作
锄头雨	处女地	慈善家	穿山甲
穿堂风	穿心莲	传家宝	串门子
串亲戚	闯江湖	窗格子	吹鼓手

比比看看

C2

醇厚　淳厚

醇厚：口味纯正浓厚，亦用于人的品质或风俗，此时同"淳厚"。淳厚(纯厚)：只指品质风俗质朴敦厚。

猜测　推测

猜测：侧重于主观猜想。推测：侧重于根据事理去推断。

才能　才干　才华　才智

才能：表现在实践活动方面，如办事才能；又表现在思维活动方面，如文艺创作才能。才干：指办事和实践活动能力，常用于较重要的实践活动方面，如指挥才干。才华：指表现于外的才能和智力，多用于艺术活动、科学文化等方面，如才华横溢。才智：多指创造、发明、判断等才能，多用于思维活动方面，如聪明才智。

采用　采取　采纳

采用：重在用，采其可用的。采取：重在取，从许多可用的事物中选择合适的，运用范围比其他两词广。采纳：着重于接受意见、建议、要求等。

苍茫　苍莽

苍茫：多指夜色、水域、大地等旷远、迷茫，引申为模糊不清。苍莽：多指树林、山岭、大地等广阔无边。引申为意境心胸开阔。

仓促　仓皇

仓促：指时间匆促，行动忙乱。仓皇：多指心里害怕，神色慌张，举止失措。

草拟　起草

草拟：指粗略地拟出草案，多指各种计划、工程设计、论文提纲的拟定。起草：多指方针政策、规章等文件的拟稿。

伺候　侍候

伺候(cì hou)：可用于人，不分地位高低；也可用于牲畜等。侍候：用于对长辈或地位高者。

从而　进而

进而：强调进一步的行动。从而：则除了表示进一步的行动之外，还跟上文有条件或因果的关系。

从而　反而

从而：连词，上文是原因、方法等，下文是结果、目的等。反而：连词，表示跟上文意思相反或出乎预料的常情。

次序　秩序

次序：先后顺序。秩序：有条理、不混乱的情况。

促使　迫使

促使：推动使达到一定目的。迫使：用强力或压力使(做某事)。

簇拥　蜂拥

簇拥：(许多人)紧紧围着。蜂拥：像蜂群似的拥挤着(走)。

窜改　篡改

窜改：指文字上的改动。篡改：不限于文字，且手段卑劣，也指曲解的意思。

策划　策动

策划：筹划、谋划。策动：策划鼓动。

C2

长此以往——老是这样下去(多就不好的情况说)。自从电视
上看了《少年英雄方世玉》,我就开始迷上了武侠
小说,有时候上课也禁不住翻看几页,长此以往,
我的学习成绩渐渐退步了。

从善如登——登,升高。顺从好的就像登高一样。比喻学好不
容易,要花力气。

从长计议——慢慢的多加商量,指不急于作出决定。也指慢慢
设法解决。★郑州市城建部门和交通管理部门组
织专门人员反复论证,从长计议,确定在市区段
的107国道上再建三座大型立交桥。

从容不迫——非常镇静、不慌不忙的样子。★这个家伙明知罪
行严重,内心十分恐慌,但是他却从容不迫地抹
着桌子。(褒词贬用)

参差不齐——长短高低不齐。不用于时间有先有后。★矮桩水
稻成熟期参差不齐,不宜用机器统一收割。

蠢蠢欲动——指敌人或坏分子策划或开始进行攻击、破坏活
动。★自从中国颁布实施外商投资法规以来,不
少外商蠢蠢欲动,纷纷来中国投资。

侧目而视——不敢从正面看,斜着眼睛看,形容畏惧而又愤
怒。不能理解成敬佩、佩服,也不能理解成看不
起。★小李得了冠军就对同伴侧目而视,颇有点
"老子天下第一"的劲头。

初出茅庐——比喻刚进入社会或刚到工作岗位上来,缺乏经
验。★金教授退休后又被学校聘回,他非常兴奋,
初出茅庐,就攻克了好几项国家课题。

惨淡经营——形容苦费心思于谋划并从事某项事情或事业。

草菅人命——草菅(jiān),野草。把人命看得跟野草一样。指反
动统治者轻视人命,任意杀害。

姹紫嫣红——姹(chà),美好,常指笑容。形容各色娇艳的花,
不能单用于某一种花。★放眼望去,满山的杜鹃
花姹紫嫣红,真是美不胜收。

出尔反尔——尔,你。现在多用来指自己说了或做了后,又自己反悔。比喻言行前后矛盾,反复无常。

出神入化——形容技艺达到了绝妙的境界。★老王这个人是个远近闻名的评书迷,经常听得出神入化,有时竟忘了吃饭和睡觉。

出水芙蓉——芙蓉,荷花。原来比喻诗写得清新。后也比喻女性的美丽。

沧海一粟——好像大海里的一颗谷粒。形容非常渺小或数量极少。

曾几何时——才有多少时候。指时间过去没有多久。不能误为"曾经"。★今天的野狼峪,沟壑纵横,曾几何时,就将"天堑变通途"。

陈词滥调——滥,空泛。陈旧的言词,空泛的论调。★如不抓住时机,及时见报,这则消息将成为陈词滥调。(过时的消息不叫陈词滥调。)

古诗欣赏
春之声

【原诗】

早 春

北周 宗懔

昨暝春风起,今朝春气来。
莺鸣一两啭,花树数重开。
散粉成初蝶,剪彩作新梅。
游客伤千里,无暇上高台。

【注释】

暝:夜晚。

莺:旧指"黄鸟"、"黄鹂"。体长约25厘米。雄鸟羽色金黄而有光泽。雌鸟羽色黄中带绿。鸣声清脆、婉转,常被人们饲养作观赏的鸟。

初蝶:春天里的第一代蝴蝶。

"剪彩"句:意即春早,新开的梅花像刚剪过的彩一样。

无暇:无空间。

【品悟】

这是一首描绘早春景色的诗。由于作者眼光敏锐,观察细致,所以能从千千万万的景物中,单单录取第一声莺鸣、最先几朵花开和幼蝶始舞、新梅初绽等富有代表性的景物入诗,以突出"早春"的时令特征。结尾两句的情调虽较低沉,但就全诗来看,由于诗人栩栩如生的景物描绘,仍能给人以享受。

【关键词】

内容上:早春景色 至清至丽

手法上:以美景反衬伤情 以乐景写哀情

经典诵读

弟子规·泛爱众

凡是人	皆须爱	天同覆	地同载
行高者	名自高	人所重	非貌高
才大者	望自大	人所服	非言大
己有能	勿自私	人所能	勿轻訾
勿谄富	勿骄贫	勿厌故	勿喜新
人不闲	勿事搅	人不安	勿话扰
人有短	切莫揭	人有私	切莫说
道人善	即是善	人知之	愈思勉
扬人恶	即是恶	疾之甚	祸且作
善相劝	德皆建	过不规	道两亏
凡取与	贵分晓	与宜多	取宜少
将加人	先问己	己不欲	即速已
恩欲报	怨欲忘	报怨短	报恩长
待婢仆	身贵端	虽贵端	慈而宽
势服人	心不然	理服人	方无言

名言名句

论语名句——生死篇

●子曰:"朝闻道,夕死可矣。"(里仁·第四)

——孔子说:"如果早晨能够在自己的心灵中得知宇宙至善至美至真的道理,那么就是当天晚上死去也心甘。"

●子曰:"天生德于予,桓魋其如予何?"(述而·第七)

——孔子说:"上天把生命和道德赋予了我,如果上天不让我死,桓魋能把我怎么样呢?"

●鸟之将死,其鸣也哀;人之将死,其言也善。(泰伯·第八)

——鸟快死的时候,它的鸣叫声很哀婉;人快死的时候,他的言语中也带着本性的善良。

●子曰:"未知生,焉知死?"(先进·第十一)

——(季路说:"请问死是怎么回事?")孔子回答说:"还不知道活着的道理,怎么能知道死呢?"

六

●大多数人想要改造这个世界,但却罕有人想改造自己。

●伟人之所以伟大,是因为他与别人共处逆境时,别人失去了信心,他却下决心实现自己的目标。

D

呆板 dāi	答应 dā	逮老鼠 dǎi
逮捕 dài	殚思极虑 dān	虎视眈眈 dān
肆无忌惮 dàn	档案 dàng	当年 dàng
追悼 dào	提防 dī	瓜熟蒂落 dì
缔造 dì	掂掇 diān	玷污 diàn
装订 dìng	订正 dìng	恫吓 dòng
句读 dòu	兑换 duì	踱步 duó
傣族 dǎi	危殆 dài	咄咄怪事 duō
真谛 dì	滇池 diān	掂量 diān
玷污 diàn	笃信 dǔ	打盹 dǔn
谛听 dì	拾掇 duō	

D

大发雷霆	大有裨益	大多雷同	大学肄业
大器晚成	大智若愚	大快人心	大庭广众
大材小用	大刀阔斧	大发慈悲	打架斗殴
打躬作揖	待价而沽	殚精竭虑	当仁不让
玷污清白	到处传诵	淡泊明志	弹尽粮绝
堕落腐化	咄咄逼人	定期会晤	动辄得咎
断壁颓垣	读书札记	顶礼膜拜	度日如年

短小精悍　　斗方名士　　弹无虚发　　断章取义
答非所问　　打草惊蛇　　当机立断　　当务之急
东猜西疑　　当之无愧　　党同伐异　　荡气回肠
呆若木鸡　　待人接物　　担惊受怕　　单刀直入
单枪匹马　　胆小如鼠　　荡然无存　　刀光剑影
道貌岸然　　倒背如流　　倒行逆施　　倒打一耙
德才兼备　　德高望重　　得不偿失　　得心应手
得意洋洋　　得寸进尺　　登峰造极　　登堂入室
灯火辉煌　　灯红酒绿　　等量齐观　　等闲之辈
等闲视之　　堤溃蚁穴　　低三下四　　低声下气
低眉顺眼　　滴水穿石　　滴水不漏　　抵足而眠
颠倒是非　　颠三倒四　　颠扑不破　　掂斤播两
点石成金　　电光石火　　电闪雷鸣　　雕虫小技
雕梁画栋　　刁钻古怪　　吊儿郎当　　掉以轻心
调兵遣将　　调虎离山　　跌宕不羁　　跌宕起伏
叠床架屋　　鼎鼎大名　　顶天立地　　丢三落四
丢卒保车　　冬去春来　　东张西望　　东山再起
董狐直笔　　动人心弦　　栋梁之才　　洞房花烛
洞若观火　　抖擞精神　　豆蔻年华　　逗留不进
独一无二　　独占鳌头　　独出心裁　　独断专行
独树一帜　　独具匠心　　堆积如山　　堆金积玉
多愁善感　　多此一举　　多才多艺　　度德量力
夺眶而出

搭架子　　　搭街坊　　　打哈哈　　　打屁股
大本营　　　大路货　　　大舌头　　　担不是
胆固醇　　　倒栽葱　　　灯笼裤　　　打头炮

比比看看

D

大事　大肆
大事:大力从事,如大事渲染。大肆:无顾忌地(多指做坏事)。

大事　大势
大事:重大或重要的事。大势:事情发展的趋势。

大义　大意

大义:大道理,如微言大义。大意:主要的或大概的意思。

大致　大概

都是副词,表示推测语气,用于对情况和数量的推测。"大概"在表示推测语气时,比"大致"多偏重于猜测,而不是肯定;"大致"在表示推测语气时,比"大概"多偏重于肯定,而不是推测。

带动　拉动

带动:引导着前进。拉动:既可指具体的事物,也可指带动经济。

单纯　纯粹

单纯:①简单纯一,不复杂,如思想单纯;②单一,只顾,如反对单纯追求数量。纯粹:①不掺杂别的成分;②单纯地,单单,这种想法纯粹是为目前打算。单纯侧重于范围,即单,纯粹侧重于无杂质,即纯,也表示一种强调。

担当　担负　负担

担当:语义比担负、担任重,它的宾语多是责任、任务和XX的工作。担负:着重于负责,它一般不与表示具体职务的名词搭配。负担:意义跟担负相同,但它的宾语有些不同,除工作责任外,还与生活费、代培费等搭配,而且它还有名词用法。

当然　固然

当然:是应当这样或合于事理、情理。固然:表示承认某个事实,引起下文转折。

颠覆　颠倒

颠覆:推翻。颠倒:位置相反或错乱。

电信　电讯

电信:利用电话、电报等传递消息的通讯方式。如电信部门。电讯:(1)用电话、电报、无线电等传播的消息。(2)无线电信号。

顿时　立刻

顿时:立刻(只用于叙述过去的事情)。立刻:马上。

度过　渡过

度过:用于时间方面。渡过:用于有水面的空间或难点、危机、困难时期。

敦促　督促

敦促:用于平等的对象之间,表尊敬、客气。督促:用于上级对下级。

定金　订金

定金:指为了保证成交,预先支付的一部分钱。依照《合同法》相关规定,双方有约定的按照约定执行;如果无约定,经营者违约时"定金"双倍返还,消费者违约时"定金"不返还。订金:指购买之前约定的价格。目前法律没有明确规定,可视为"预付款",双方有约定的按照约定执行;如果无约定,经营者违约时应无条件退款,消费者违约时可以要求经营者退款。

断定　确定

断定:指由推理判断而下结论。确定:指毫不含糊地明确决定。它还有形容词用法,表示明确而肯定。

兑现　实现

兑现:比喻诺言的实现。实现:使成为事实。

成语积累

（★表示错误用法）

D

道貌岸然——神态庄严。常含讥讽意。★喜剧中的正面人物也应具有喜剧性,可这部喜剧中的两个正面人物都道貌岸然,不苟言笑,与整个影片的气氛极不协调。

道听途说——从道路上听到,在道路上传说。泛指传闻的、没有根据的话。

得陇望蜀——比喻人贪得无厌,得到了这个,还想那个。★他这种得陇望蜀永不满足的精神,是值得所有企业家学习的。

洞若观火——形容观察事物极其分明,就像看火一样。

东窗事发——指罪行被揭露,案子发作。★汪锦元长期打入汪伪内部做情报工作,不料东窗事发,被捕入狱。

东山再起——东晋谢安退职后在东山做隐士,后来又出任要职。比喻失势后重新恢复地位。★为了逃避公安机关的打击,这个贩黄窝点,曾经在去年七月份两次停业,待风声一过又东山再起。

大方之家——大方,大道理。懂得大道理的人。后泛指见识广博或学有专长的人。★告别时,他非要送我几件高档衣料不可,真是大方之家。

待价而沽——沽(gū),出卖。等待高价出售。旧时比喻某些人等待时机出来做官。

灯红酒绿——形容寻欢作乐的腐化生活。也形容都市或娱乐场所夜晚的繁华景象。每当夜幕降临,饭店里灯红酒绿,热闹非常。(在此用它的本意,是对的)。

独到之处——指与众不同的见解。★塑料有不受酸碱腐蚀的独到之处,这是钢铁所不及的。

独树一帜——单独树立起一面旗帜,比喻自成一家。苏轼也擅长书法,他取法颜真卿,但能独树一帜,与蔡襄、黄庭坚、米芾并称宋代四大家。

独具只眼——能看到别人看不到的东西,形容眼光敏锐,见解高超。

等量齐观——等,同等,相等。量,估量,衡量。齐,同样。指对有差别的事物,以同等的标准来衡量,都同样看待。

殚精竭虑——竭,用尽。虑,思虑,思考。耗尽精力,费尽心思。五十年来,我国取得了一批批举世瞩目的科研成果,这同几代科技工作者殚精竭虑、忘我工作是密不可分的。

豆蔻年华——豆蔻,植物名,比喻处女。旧时指女子十三四岁。★1.经过挑选,66名正值豆蔻年华的女孩子踏进北京警校的大门,她们的平均年龄只有23岁。★2.这四个小伙子都是十八岁年纪,正当豆蔻年华。

多事之秋——指事故、事变,造成一种社会动荡不安的局面。★去年,申奥成功、加入世贸、男足出线,对中国人来说真可谓是多事之秋。

大水冲了龙王庙——一般用于表现熟人之间闹了矛盾、有了误会。★我和多年失去联系的小刘在街上不期而遇,开始都觉得面熟,却不敢相认。"这可真是大水冲了龙王庙,一家人

不认识一家人啊！"当彼此叫出名字后，他笑着
说。

当务之急——当前急需办的事。★专家们特别指出，推广普通
话是我们目前当务之急的大事。

短小精悍——①身材矮小而精明强悍；②文章戏剧等篇幅不
长而有力。老张今年65岁，短小精悍，思维敏捷，
干起活来一点也不比年轻人差。

登堂入室——比喻学问或技能由浅入深，循序渐进，达到了高
深的地步。★1.当这名小偷登堂入室，准备再次
盗窃王云家的财物时，被刑警当场逮个正着。(易
误用为"进入") ★2.这次宣判的六个盗窃犯，长
期以来，在龙桥一带，登堂入室，肆行扒窃，民愤
极大。

鼎力相助——敬辞，大力帮助(表示请托或感谢时用)，只用于
对方或他人，不可用于自己。常误用为自己对他
人的帮助。★1.你有什么困难尽管说出来，我们
一定鼎力相助。★2.你放心，你们的困难就是我
们的困难，这件事我们一定鼎力相助。

鼎足而立——像鼎的三足分立那样，比喻三方面对立的局势。
常误用为双方关系或对象。★众多的山峰，高风
峻骨，鼎足而立，撑起青天。

对簿公堂——在公堂上受到审问。易误解为"争论，明辨是
非"。

党同伐异——偏袒和自己意见相同的人，打击不同意见的
人。"党"，偏袒。用来指一些学术上政治上或社
会上的集团之间的斗争。★老王总是心直口快，
党同伐异，对有缺点的同志总是一针见血地指
出。

当仁不让——泛指遇到应该做的事，积极主动去做，不退让。
★美国黑人电影明星福克斯和弗里曼在第七
十届奥斯卡奖角逐中当仁不让，分别夺得最佳男
主角奖和最佳男配角奖。(这里应用"不负众望"
之类的词)

【原诗】

春 雪

唐 韩愈

新年都未有芳华,
二月初惊见草芽。
白雪却嫌春色晚,
故穿庭树作飞花。

【注释】

华:同花。

庭树:院内的树木。

【品悟】

这是一首写早春飞雪的诗,构思新巧,独具风采,是韩愈小诗中的佼佼者。

雪为什么"作飞花"?原来时已二月,却是草芽初生,芳华未见。它是"嫌春色晚"故而如此的。这就不仅写出了雪花像落花,而且写出了雪花的精神——为了展示春色,才飞到了人间。韩愈主张"陈言务去"。把雪花比作落花,前人已有不少警句,但韩愈的这首诗却独辟蹊径,写出了新意。"作飞花"三字,翻静态为动态,把初春的冷落翻成仲春的热闹,一翻再翻,使读者如入山阴道上,有应接不暇之感。

此诗于常景中翻出新意,工巧奇警,是一篇别开生面的佳作。

【关键词】

内容上:早春 飞雪 感慨 高兴 欣喜

手法上:拟人

弟子规·亲仁

同是人	类不齐	流俗众	仁者希
果仁者	人多畏	言不讳	色不媚
能亲仁	无限好	德日进	过日少
不亲仁	无限害	小人进	百事坏

论语名句——人生篇

●子曰:"其为人也,发愤忘食,乐以忘忧,不知老之将至云尔。"(述而·第七)

——孔子(对子路)说:"我是这样一个人——发愤求学,常常忘记了饥饿,忘记了人是必须吃饭的;当学问上有了收获就高兴得忘记了所有的忧愁,甚至忘记了衰老的临近和人生的短暂。"

●孔子曰:"君子有三戒:少之时,血气未定,戒之在色;及其壮也,血气方刚,戒之在斗;及其老也,血气既衰,戒之在得。"(季氏·第十六)

——孔子说:"君子有三种事情应引以为戒:年少的时候,血气还不成熟,要戒除对女色的迷恋;等到身体成熟了,血气方刚,要戒除与人争斗;等到老年,血气已经衰弱了,要戒除贪得无厌。"

●子曰:"逝者如斯夫,不舍昼夜。"(子罕·第九)

——孔子说:"消逝的时光、过去的一切就像这河水一样啊,日夜不停地流,一去不回。"

●子曰:"性相近也,习相远也。"(阳货·第十七)

——孔子说:"人的本性在出生时是相近的,只是长大后因环境和教育的不同才形成了彼此很大的差距。"

●子曰:"吾十有五而志于学,三十而立,四十而不惑,五十而知天命,六十而耳顺,七十而从心所欲不逾矩。"(为政·第二)

——孔子说:"我十五岁立志钻研学问提高智慧;三十岁能够自立;四十岁能不被外界事物所迷惑而更加坚定了自己所追求的道德标准和人生价值;五十岁懂得了人生活在宇宙中应遵循的自然规律和人生的短暂;六十岁时喜欢用仁慈博爱的心去听一切声音;七十岁喜欢干一些想干的事情,但不会越出道德规范。"

●子曰:"后生可畏,焉知来者之不如今也?四十、五十而无闻焉,斯亦不足畏也已。"(子罕·第九)

——孔子说:"切不可轻视年轻的一代人,怎么就知道后一代不如前一代呢？如果到了四五十岁时还默默无闻、没有什么成就，那么也就不会再有令人钦羡的作为了。"

　　●子曰："德不孤，必有邻。"（里仁·第四）

　　——孔子说："有道德的人是不会孤单的，一定会找到志同道合的人。"

七

晓风晨语

●人之所以能,是相信能。
●每一发奋努力的背后,必有加倍的赏赐。

常见多音字

E

阿谀 ē yú	婀娜 ē nuó	扼要 è
讹诈 é	遏制 è	吟哦 é
莪蒿 é	诱饵 ěr	呃逆 è

常见词语

E

耳濡目染	耳提面命	耳聪目明	耳目一新
额手称庆	恶意诅咒	恶贯满盈	恶语中伤
鳄鱼眼泪	饿虎扑食	饿殍遍野	恩将仇报
恩深义重	尔虞我诈	二氧化硅	婀娜多姿
鹅卵石	恶作剧	耳坠子	耳朵眼
耳边风	二百五	二郎腿	二锅头

比比看看

E

遏止　遏制

遏止:对象多是战争、暴动、洪流等来势凶猛而且突然发生的重大事件。遏制:是压抑控制,使不发作,对象多是自己的情绪,有时也指敌人或某种力量。

而后　尔后

相同点:都属于同音异形词,词性相近,连接两个句子,表示事情的先后发生,意为"以后、然后"。此时,两者可通用。不同点:"而后"不能单用,即不可作独立语,其后必须紧跟句子成分,而"尔后"可作独立语,可用逗号与其他成分隔开单独使用。另外,"尔后"还可作定语或状语,分别修饰名词或动词,表示"从此以后、今后、后来"。

成语积累
(★ 表示错误用法)

E

耳濡目染——"耳听眼见,不知不觉受到影响"。"耳闻目睹"和"耳濡目染":前者强调亲自看到、听到,突出其真实性;后者强调经常看到听到并不知不觉受到深刻影响。★1.虽然没有名角亲自传授指点,但他长年在戏园子里做事,耳濡目染,各种戏路子都熟悉了。★2.她爸爸是乐队指挥,妈妈是歌唱家,平日耳闻目睹,多方接触,所以她爱好音乐。(应为"耳濡目染")★3.虽然是第一次,但由于写的都是那天自己耳濡目染的事情,因此写得生动、现实感强。(改"亲身经历"为好)

耳提面命——不但当面告诉他,而且揪着他的耳朵叮嘱。形容严厉而又恳切地教导。褒义词。不用于同辈之间,不能误为贬义词。★1.教育要讲究方式方法,不能总是耳提面命,摆家长作风。★2.他是我最真诚的朋友,经常对我耳提面命,使我能够在工作中少犯许多错误。

耳熟能详——听得熟悉,乃至能够详细地复述出来。有些地方的球迷,对主队的平庸表现绝不谩骂,而是将大家耳熟能详的老歌即兴换上新词,齐声歌唱,委婉地表示不满。

古诗欣赏
春之声

【原诗】

咏春风

南朝·梁　何逊

可闻不可见,能重复能轻。
镜前飘落粉,琴上响余声。

【注释】

落粉:女子对镜用香粉扑脸,有不少粉末下落。这句意思是,女子扑面时的落粉被春风轻轻飘起。

"余声"句:轻柔的春风将琴上的余音传送到远方。

【品悟】

南朝梁诗人何逊,字仲言,东海郯(今山东省苍山县长城镇)人,他勤奋好学,才华出众,八岁能诗,弱冠州举秀才,官至尚书水部郎。诗与阴铿齐名,世号阴何。文与刘孝绰齐名,世称何刘。其诗善于写景,工于炼字。尤其是他的山水景物诗,用语朴实自然,格调清新婉转,很有特色。

春风是柔和的,但一般人却很难用语言说出她是怎样的柔和。在这首诗里,诗人却能通过精细入微的观察,抓住春风可以飘落粉、能够送琴音的特点,从视觉和听觉两个方面,把春风的柔和写得具体可感,显示了诗人化无形之物为有形之物的艺术功力。

诗歌使用了拟人手法,通过对春风的描述,充分体现了作者对春风的喜爱之情,以及作者热爱大自然、热爱生活、热爱生命的生活情操。

【关键词】

内容上:春风 柔和

手法上:拟人

经典诵读

弟子规·余力学文

不力行	但学文	长浮华	成何人
但力行	不学文	任己见	昧理真
读书法	有三到	心眼口	信皆要
方读此	勿慕彼	此未终	彼勿起
宽为限	紧用功	工夫到	滞塞通
心有疑	随札记	就人问	求确义
房室清	墙壁净	几案洁	笔砚正
墨磨偏	心不端	字不敬	心先病
列典籍	有定处	读看毕	还原处
虽有急	卷束齐	有缺坏	就补之

非圣书　屏勿视　蔽聪明　坏心志
勿自暴　勿自弃　圣与贤　可驯致

论语名句——力行篇（上）

●子曰："刚、毅、木、讷近仁。"（子路·第十三）

——孔子说："刚强、果敢、朴实、谨慎，这四种品德接近于仁。"

●子贡方人。子曰："赐也贤乎哉？夫我则不暇。"（宪问·第十四）

——子贡有一次在挑别人的毛病。孔子说："赐啊，你觉得自己已经很完美了吗？如果是我，可没有闲工夫去评论别人。"

●子曰："先行其言而后从之。"（为政·第二）

——（子贡问怎样做一个君子）孔子说："对于你要说的话，先实行了，再说出来，（这就能算是一个君子了）。"

●子曰："非其鬼而祭之，谄也。见义不为，无勇也。"（为政·第二）

——孔子说："不是你应该祭的鬼神，你却去祭它，这就是谄媚。见到应该挺身而出的事情，却袖手旁观，就是怯懦、缺乏勇气的表现。"

●子曰："见贤思齐焉，见不贤而内自省也。"（里仁·第四）

——孔子说："见到有美德和才华的人，就应该想到赶上他，与他看齐；见到无德无才、有不良行为的人，我们就应该想到自己有没有与他相类似的错误，要自我反省。"

●子曰："敏而好学，不耻下问。"（公冶长·第五）

——孔子说："爱好学问就要思路敏捷，并谦虚地向别人请教，不以向地位卑下的人请教为耻，努力地学习他人的长处。"

●子曰："巧言乱德。小不忍则乱大谋。"（卫灵公·第十五）

——孔子说："对别人的那些花言巧语如不小心提防，就会扰乱甚至动摇我们的道德观念，如果对小的得失不能忍耐，就会因此破坏掉伟大而长远的计划。"

●子曰："当仁，不让于师。"（卫灵公·第十五）

——孔子说："当你的观点更符合正义和仁德的时候，就是自己的老师,也不要同他谦让。"

●孔子曰:"君子有九思:视思明,听思聪,色思温,貌思恭,言思忠,事思敬,疑思问,忿思难,见得思义。"(季氏·第十六)

——孔子说:"君子有九个方面要认真考虑:观察一个事物的时候要全面而明了;听的时候要用智慧去分析判断;对别人的态度要温和,容貌要考虑是否谦恭;言谈的时候,要考虑是否忠诚;办事要考虑是否谨慎严肃;遇到疑问,要思考是否应该向别人询问;发怒时,要考虑是否有后患;获取财利时,要考虑是否合乎义的准则。"

●子曰:"盖有不知而作之者,我无是也。多闻,择其善者而从之,多见而识之,知之次也。"(述而·第七)

——孔子说:"有这样一种人,可能他什么都不懂却在那里凭空创造,我却没有这样做过。多多地听,选择其中好的来学习;多多地看,全记在心里然后加以实践,这种求学方式是仅次于那些最好的。"

●子曰:"法语之言,能无从乎?改之为贵。巽与之言,能无说乎?绎之为贵。说而不绎,从而不改,吾末如之何也已矣。"(子罕·第九)

——孔子说:"严肃而合乎正道的话语,谁能不接受呢?但接受了之后要按照它改正自己的错误才是可贵的。恭顺赞许的话,谁能听了不高兴呢?但对这些话进行认真客观的分析,才是可贵的。只图自己高兴而不加分析,只是表面接受而实际行动不改正错误,(对这样的人)我拿他实在是没有办法了。"

●子曰:"已矣乎!吾未见能见其过而内自讼者也。"(公冶长·第五)

——孔子说:"完了,我还没有看见过能够看到自己的错误而又能从内心责备自己的人。"

八

● 昨晚多几分钟的准备,今天少几小时的麻烦。
● 做对的事情比把事情做对重要。

F

理发 fà	藩篱 fān	脂肪 fáng
油坊 fāng	菲薄 fěi	成绩斐然 fěi
沸点 fèi	氛围 fēn	汾水 fén
肤浅 fū	敷衍 fū	仿佛 fú
凫水 fú	篇幅 fú	辐射 fú
果脯 fǔ	随声附和 fù	惊魂甫定 fǔ
缚住 fù	束缚 fù	讣告 fù

F

奋发图强	发扬光大	反复无常	反映意见
翻江倒海	翻云覆雨	防患未然	飞扬跋扈
锋芒毕露	繁花似锦	繁荣昌盛	反唇相讥
风雨如晦	风靡一时	风尘仆仆	分道扬镳
风度翩翩	风姿绰约	丰功伟绩	翻天覆地
翻箱倒柜	拂袖而去	富丽堂皇	赴汤蹈火
釜底抽薪	釜底游鱼	附庸风雅	返老还童
泛滥成灾	犯上作乱	方兴未艾	防微杜渐
匪夷所思	废寝忘食	纷至沓来	焚书坑儒
粉身碎骨	奋不顾身	夫唱妇随	烽火连天
封官许原	凤毛麟角	扶危济困	幅员辽阔
腐化堕落	抚今追昔	富国强兵	缚鸡之力

负荆请罪	负隅顽抗	妇孺皆知	罚不当罪
法网恢恢	覆水难收	付之一炬	泛泛而谈
费尽心机	防不胜防	沸沸扬扬	肺腑之言
愤愤不平	丰衣足食	风驰电掣	蜂拥而来
逢场作戏	奉公守法	付诸东流	敷衍了事
敷衍塞责			
发酒疯	发脾气	翻白眼	翻跟头
防空洞	肺活量	蜂窝煤	风凉话

比比看看

F

法制　法治

法制:名词,法律制度。法治:动词或名词,依法治理国家;依法治国的思想、方法。

翻一番　翻一翻

翻一番:是增加了一倍的意思。翻一翻:是表示短促的动作。

繁重　沉重

繁重:着重于事情多而责任重。沉重:着重于分量重,适用范围大,还可指程度深、关系重大,引申为心情不畅、精神不愉快。

防止　防治

防止:通常用于坏事情发生之前。防治:通常用于问题发生之后,既预防类似问题再次发生,又采取措施治理已经发生的问题。

反映　反应

反映:一是指把客观事物的实质表现出来,二是指把情况、意见等告诉上级或有关部门。反应:一是有机体受刺激而引起的活动,如药物反应;二是指打针或吃药等引起的症状;三是指事情所引起的意见、态度或行动。如反应如此之快;四是物质相互作用引起的变化,如化学反应。

反复　重复

反复:指一次又一次,多次重复,多指不同的事物或动作的重复。重复:着重于相同的事物或动作又重作一次。从次数上比,重复比反复次数少。

废弃　废止

废弃:抛弃不用。废止:指取消不再行使(法令、制度等)。

妨害　妨碍

妨害:侧重于损害,程度较重,如妨害健康、妨害要表达的义理。妨碍:侧重于造成一定障碍,不能顺利进行,程度较轻,如妨碍交通。

防御　抵御

防御:抗击敌人的进攻。抵御:抵挡,抵抗。

分辩　分辨

分辩:用语言辩白、解释,如不由分辩、不和你分辩。分辨:区分辨别。

丰腴　丰满

丰腴:(1)(身体)丰满;(2)多而好。丰满:(身体或身体的一部分)胖得匀称好看。

肤浅　浮浅

肤浅:(学识)浅,理解不深。浮浅:(思想作风、文章风格)浅薄、不切实。

伏法　服法

伏法:指犯人被执行死刑。服法:指有罪服刑。

伏帖　服帖

伏帖:①心里舒服;②顺从;③紧贴在上面,动词,如伏贴在他身上。服帖:①顺从;②妥当,常用AABB式重叠。(辨:表示顺从、驯服时,服帖、伏帖通用。但表示舒坦时用伏帖,表示妥当时用服帖,如把事情办服帖。)

扶持　扶植

扶持:侧重于帮助、支持。扶植:侧重于培植。

抚养　扶养　赡养

抚养:兼指保护、教养和供养,一般指长辈对子女或晚辈的保护和教养。扶养:指帮助、扶助、养活,一般用于平辈之间。赡养:供给生活所需,特指子女对父母在物质和生活上进行的帮助。例如:夫妻双方有互相扶养的义务,父母对子女有抚养的义务,子女有赡养父母的义务。

浮躁 急躁

浮躁:侧重于不踏实。急躁:侧重于没耐性。

富裕 富余

富裕:是形容词,意为"(财物)充裕"。富余:是动词,意为"足够而有剩余",侧重于表示"剩余"。如富余人员;时间还很富余,不必着急。可见"富余"意思较宽泛,可以指时间、人员、事物等,而"富裕"一般只指财物。

成语积累

(★表示错误用法)

F

翻云覆雨——比喻反复无常或玩弄手段,不能表示气势宏伟。★1.辛弃疾的词大多以激昂跌宕、翻云覆雨的气势来抒情言志,风格豪放雄浑,在南宋词坛中占有重要地位。★2.辛弃疾继承并发扬了苏东坡的豪放风格,以翻云覆雨的笔力,激昂跌宕的气势,抒情言志,针砭现实,形成南宋词坛一大流派。(褒贬误用)

纷至沓来——意思是纷纷地到来。和煦的春风带来生机盎然的季节,学校社团的招新活动再次成为一道亮丽的风景线,男女学生纷至沓来,踊跃报名。

粉墨登场——化装上台演戏。现比喻坏人登上政治舞台,贬义(含讥讽意)。★1.第49届NBA东西部全明星赛将于北京时间明晨7时在三藩市举行,届时球迷们熟悉的奥尼尔、邓肯等将粉墨登场。★2.王帆竞选班长一职成功,就职演说那天,他精心准备后粉墨登场。

风声鹤唳——惊慌疑惧,常与"草木皆兵"连用。常误用为形容战斗激烈。

付之一笑——用一笑来对待它,形容不屑于理会。常误用为态度谦和。★他待人态度谦和,不论遇到谁,都付之一笑。

付之梨枣——指刻板刊印书籍。★别人投我以木瓜,我们也要付之梨枣。

繁文缛节——过分繁琐的仪式或礼节。也比喻其他繁琐多余的事项。"文",仪式。★"简练为文"是适应快节奏运行的时代要求的,所以写作时应删除繁文缛节,追求"句无可削""字不得减"的高水准。

返璞归真——意思是去其外饰,恢复其本真。时下,田园风光游、农家乐等乡村旅游很流行,满足了人们走近自然、返璞归真的愿望。(在句中修饰人们回归自然的愿望是可以的)

匪夷所思——匪(fěi),不是。夷,平常。原指言谈行动超出常情,不是一般人所能想象的,后来形容人的思想离奇。也可以表示速度之快。(注意:"夷",平常人,不要误为外人。)1.东方大学城在短短四年内就以2.1亿元自有资金获取了13.7亿元巨额利润,这种惊人的财富增长速度确实匪夷所思。2.美国作家欧·亨利具有超群的才华和丰富的想象力,其小说的结尾往往别出心裁,匪夷所思。

分庭抗礼——原指宾主相见,分站在庭的两边,相对行礼。现比喻平起平坐,彼此对等的关系。抗,对等。★其中所收藏的埃及、希腊、罗马古文物不可胜数,所收藏的名画只有巴黎的罗浮宫可与分庭抗礼。

罚不当罪——当,相当。处罚和所犯罪行不相当,多指处罚过重。★一个工作不足半年,就利用职权挪用挥霍公款达950万元之巨的蛀虫,仅被判处无期徒刑,罚不当罪,难平民愤。

伐功矜能——指吹嘘自己的功劳和才能。形容居高自大,恃才傲物。伐,炫耀。

焚膏继晷——晷(guǐ),日影。形容夜以继日地用功读书或努力工作。

焚琴煮鹤——拿琴当柴烧,把鹤煮了吃。比喻糟蹋美好的事物,大煞风景。★侯老很动情地说:"搞旅游,建宾馆,无可厚非,但绝不能焚琴煮鹤,任意破坏植被、水源和野外文物。

犯而不校——犯,触犯。校(jiào),计较。别人触犯了自己也不要计较。★一个人在工作中难免有一些缺点和错误,只要认真改正就行,不能犯而不校。

方兴未艾——方,正在。艾(ài),停止。事情正在发展,还没有停止。

凤毛麟角——比喻稀少而可贵的人或事。1.高县长说:"全县就你一个人当上了全国劳模,无论怎么说也是凤毛麟角!"★2.巴基斯坦的斯瓦特被誉为"东方的瑞士",但"9·11"事件以后,来这里旅游的人几乎是凤毛麟角。

风起云涌——涌,升起,冒出。比喻许多事物相继兴起,声势浩大。

浮光掠影——浮光,反光。掠,轻轻擦过,闪过。水面上的反光,一晃而过的影子。比喻匆匆看了一下,观察不细,印象不深。★1.短短的三天考察,对开发区的印象终究是浮光掠影,但考察者无不坚定了走改革开放之路的信心。★2.最近到沿海地区,虽只是浮光掠影地看看,但那里的变化,却给我留下极深刻的印象。(与"极深刻的印象"矛盾)

防微杜渐——微,微小,指事物的苗头。杜,杜绝,堵塞。渐,事物的发展。在错误或坏事刚露头的时候,就加以防止,不让它发展。

反唇相讥——受到指责不服气而反过来讥讽对方。★因为青年们的写作经验还欠丰富,我们对他们的作品不应反唇相讥,但是我们也看得出越敢大胆创造的青年作家才越有出息。

古诗欣赏

夏之歌

【原诗】

夏 歌

《子夜四时歌》

朝登凉台上,夕宿兰池里。

乘月采芙蓉,夜夜得莲子。

【品悟】

　　这是选自《子夜四时歌》"夏歌"中的一首。夏歌,顾名思义,自然是夏天唱出的歌,或者是与夏天有关的歌。一清早,这位女主人公为什么要久久伫立在凉台上?去乘凉吗?也许是吧,江南的夏天实在酷热难当。白昼热得实在令人慵懒,晚上,借着这清爽的月光,莲子采得又快又多。这真是一个令人喜悦的丰收年,但更令人喜悦的是丰收的爱情。她可以"乘月采芙蓉"(见到她的夫容),也可以"夜夜得莲子"(怜子)。多么迷人的夜晚,多么迷人的月色,多么迷人的爱情,多么迷人的意境。这是劳动中的爱情,更是爱情中的劳动;这样的劳动不疲倦,这样的爱情不空虚。

【关键词】

内容上:夏夜采莲

手法上:双关

经典诵读

三字经(一)

人之初,性本善,性相近,习相远。

苟不教,性乃迁,教之道,贵以专。

昔孟母,择邻处,子不学,断机杼。

窦燕山,有义方,教五子,名俱扬。

养不教,父之过,教不严,师之惰。

子不学,非所宜,幼不学,老何为?

玉不琢,不成器,人不学,不知义。

为人子,方少时,亲师友,习礼仪。

香九龄,能温席,孝于亲,所当执。

融四岁,能让梨,弟于长,宜先知。

首孝悌,次见闻,知某数,识某文。

名言名句

论语名句——力行篇(下)

● 子曰:"先事后得,非崇德与?攻其恶,无攻人之恶,非修慝与?一朝之忿,忘其身,以及其亲,非惑与?"(颜渊·第十二)

——孔子说:"先付出辛苦努力做事,然后才有所收获,遵循这样的原则,也不就使自己的品德提高了吗?时时遏制自己心中的邪念,不要一味地去抨击他人的不良行为,不也就是改正自己的邪念了吗?由于一时的愤怒怨恨,就忘记了自身的安危,以及自己的亲朋,这不就是迷惑吗?"

●曾子曰："吾日三省吾身。为人谋而不忠乎？与朋友交而不信乎？传不习乎？"（学而·第一）

——曾子说："我每天用三件事来反省自己，为别人办事是不是尽心竭力了？同朋友交往是不是做到诚实可信了？老师传授给我的学业是不是复习了？"

●子夏曰："贤贤易色；事父母能竭其力；事君，能致其身；与朋友交，言而有信。虽曰未学，吾必谓之学矣。"（学而·第一）

——子夏说："一个人能够看重贤德而不以女色为重；侍奉父母，能够竭尽全力；为国家、君主办事，能够不惜自己的生命；同朋友交往，能说到做到。这样的人，尽管他自己说没有学习过，我一定说他已经学习过了，很有学问。"

●子曰："事君尽礼，人以为谄也。"（八佾·第三）

——孔子说："侍奉君主尽心竭力合乎礼法的要求，这样做难免会被别人误以为你是个趋炎附势的小人。"

●子曰："仁远乎哉？我欲仁，斯仁至矣。"（述而·第七）

——孔子说："仁德难道离我们很远吗？只要你心中存有仁爱的念头，就可达到仁道，仁道在自己心中，从一点点做起，不必向外寻求。"

●君子所贵乎道者三：动容貌，斯远暴慢矣；正颜色，斯近信矣；出辞气，斯远鄙倍矣。（泰伯·第八）

——君子所应当重视的道有三个方面：自己的容貌要避免粗暴和傲慢；自己的精神要接近于诚信和求实；自己的谈吐要远离鄙陋和背理。

●曾子曰："士不可以不弘毅，任重而道远。仁以为己任，不亦重乎？死而后已，不亦远乎？"（泰伯·第八）

——曾子说："有志之士不能不具备远大的胸襟和坚毅的性格，因为他责任重大，道路漫长。把实现仁道作为自己的责任，难道还不重大吗？奋斗到死才算结束，难道路程还不漫长吗？"

●颜渊问仁。子曰："克己复礼为仁。"（颜渊·第十二）

——颜渊问怎样做才是仁。孔子说："约束自己，一切都照着礼的要求去做，这就是仁。"

●子曰："非礼勿视，非礼勿听，非礼勿言，非礼勿动。"（颜渊·第十二）

——孔子说:"不合于礼的举止不要去看,不合于礼的谈话不要去听,不合于礼的言论不要去说,不合于礼的行为不要去做。"

●子曰:"为仁由己,而由人乎哉?"(颜渊·第十二)

——孔子说:"实行仁德,完全在于自己,难道还在于别人吗?"

●子曰:"贫而无怨难,富而无骄易。"(宪问·第十四)

——孔子说:"生活在贫困中而没有怨恨是很难做到的,有了财富和地位而没有骄傲的习气是容易做到的。"

●子曰:"君子贞而不谅。"(卫灵公·第十五)

——孔子说:"君子追求道德坚贞不渝,而不轻易与人苟同。"

●子夏曰:"博学而笃志,切问而近思,仁在其中矣。"(子张·第十九)

——子夏说:"知识渊博而能志向专一,提出很深的问题而能不脱离实际去思考,这样做就没有离开仁道。"

九

●只有一条路不能选择——那就是放弃的路；只有一条路不能拒绝——那就是成长的路。

●再长的路,一步步也能走完;再短的路,不迈开双脚也无法到达。

常见多音字

G

言简意赅 gāi	力能扛鼎 gāng	诰命 gào
纠葛 杯葛 gé	大动干戈 gē	诸葛亮 gé
百舸争流 gě	横亘 gèn	脖颈 gěng
提供 gōng	供销 gōng	供给 gòng
供应 gōng yìng	供认 gòng	口供 gong
股肱 gōng	觥筹 gōng	佝偻 gōu lóu
污垢 gòu	勾当 gòu	诟骂 gòu
骨朵 gū	骨气 gǔ	蛊惑 gǔ
商贾 余勇可贾 gǔ	桎梏 gù	盥洗 guàn
粗犷 guǎng	皈依 guī	日晷 guǐ
瑰丽 guī	刽子手 guì	聒噪 guō
观庙 guàn	蜾蠃 guǒ luǒ	

常见词语

G

改弦易张	改过自新	改恶从善	甘冒不韪
感人肺腑	肝胆相照	敢作敢当	钢筋铁骨
感情融洽	歌功颂德	感恩戴德	歌舞升平
高风亮节	高不可攀	高瞻远瞩	高谈阔论
各个击破	各显其能	各奔前程	过犹不及

各有千秋	各行其是	各抒己见	隔靴搔痒
隔岸观火	狗尾续貂	疙疙瘩瘩	格格不入
革故鼎新	肝脑涂地	贡献巨大	功亏一篑
灌输知识	刚愎自用	呱呱坠地	顾名思义
工程竣工	观摩教学	沽名钓誉	高官厚禄
鬼鬼祟祟	故作姿态	鼓噪而进	国泰民安
盖世无双	盖棺定论	甘拜下风	纲举目张
功败垂成	耿耿于怀	工于心计	公而忘私
钩心斗角	苟且偷生	狗仗人势	锅碗瓢盆
更新换代	攻无不克	鬼使神差	滚瓜烂熟
攻其不备	狗苟蝇营	狗血喷头	果不其然
姑息养奸	姑妄言之	孤注一掷	孤掌难鸣
古往今来	古今中外	骨瘦如柴	顾此失彼
故步自封	固执己见	固若金汤	瓜熟蒂落
刮目相看	寡不敌众	挂一漏万	拐弯抹角
官官相护	官运亨通	冠冕堂皇	管中窥豹
管窥蠡测	光芒万丈	光彩夺目	裹足不前
高利贷	干巴巴	干瞪眼	敢死队
高才生	更衣室	工具书	公务员
狗腿子	瓜子脸	过日子	光棍儿

比比看看

G

干涉　干预

干涉:着重于强行参与、横加阻挠,多指用粗暴强硬手段过问或制止,迫使对方服从,如互不干涉内政。干预:着重于过问别人的事,一般是给对方一定的压力和影响。

感奋　感愤

感奋:因感动、感激而兴奋、奋发。感愤:有所感触而奋慨。

感觉　意识

感觉:侧重于表面,浅层的。意识:通过分析综合得出的更理性化的结论。

根据　按照

根据:把某种事物作为结论的前提。按照:提出某种行动标准。

公然　竟然

公然:是"毫无顾忌明目张胆地"的意思,表示公然做坏事。竟然:有居然的意思,表示情况发生意外,没有料到。

果然　当然

果然:是指"真的确实的"意思,表示情况同所说的或者所想的相符合,也有"如果真的""如果确实"的意思,表示假设同情况相符合。当然:与副词配合,推出结论,表示当然如此。

功夫　工夫

功夫:耗费的时间或精力,也指本领和武术。工夫:①占用的时间;②空闲时间;③指时候。(辨:表示武术用"功夫",在时间和本领上两词通用,但"工夫"多指时间,"功夫"多指本领或造诣。)

个别　各别

个别:单个,极少数。如个别现象、个别处理。各别:各不相同,有分别或特别。如各别对待、形式各别。

隔膜　隔阂

隔膜:指情意不相通,彼此不了解或不通晓,外行。隔阂:指情意不通,多指民族间的。

格局　局面

格局:结构和格式。局面:一个时期内事情的状态。

格局　局势

格局:结构和格式,一般表现具体事物。局势:(政治、军事等)一个时期内的发展情况。

更加　越发

越发:用于同一事物不同阶段的比较。更加:用于两种事物之间的比较。

功效　工效

功效:指作用、效果或功能。工效:指工作的效率。

供品　贡品

供品:指供奉神佛祖宗用的瓜果酒食等。贡品:指古代属国或本国臣民献给帝王的礼物。

姑且　尚且

姑且:是"先不妨"的意思,表示在不得已的情况下只好将就一下,以后再作结论,带有让步的意味。尚且:是指"还""都"的意思,用在前一分句,提出明显的事例作比较,后一分句用"更"。

关心 关注

关心:(把人或事物)常放在心上。关注:关心重视。

关心 关切 关怀

关心:泛指常挂在心上,重视,对象较广,对人对物都可用。关怀:不仅是关心,而且是爱抚,多用于上对下。关切:比关心更进一层,含亲切意味,多用于别人对自己,有时也用于对别人、对事物。

灌注 贯注

灌注:指用液体浇灌。贯注:指精力集中,有贯穿下去的意思。

过度 过渡

过度:形容词,指超过适当限度,过分。如劳累过度。过渡:是动词,指由一个阶段转入另一个阶段。如过渡句。

勾通 沟通

勾通:指暗中串通,相互勾结,贬义词。沟通:指两方能够通连,如沟通两国文化。

国事 国是

国事:指国家大事。国是:指国家大计,国家的大政方针。用后者的地方一般也可用于前者,但用前者的地方不一定能用后者,比如较具体的事务,就不能用"国是"。"是"即则也,常也,法也,是国家长治的大政。"共,同也"(《说文解字》),即齐心协力的意思。这样看来,共商国是,即可解释为"齐心协力地商定国家大事"的意思。

关于 对于

关于:表示关涉的范围,"关于……"作状语,只能放在主语前。对于:主要指出动作、行为的对象,"对于……"作状语,主语前后均可。

管辖 管理

管辖:管理,统辖(人员、事务、区域、案件等)。管理:负责某项工作使顺利进行。

贯串　贯穿

贯串:指从头到尾穿过一系列事物,多用于比较抽象的东西。贯穿:表示穿过、连通,对象多是具体事物(如城市)。

诡辩　狡辩

诡辩:指常以欺诈的言辞迷惑人,以达到为自己辩解的目的。狡辩:指理屈词穷,强词夺理进行辩解。

成语积累

(★ 表示错误用法)

G

功败垂成——垂,将要,接近。事情就要成功的时候却遭到了失败。多含有惋惜之意,"功败垂成"不能与"在此一举"连用。★厂长动情地说:"为了扭转目前的不利局面,我们将采用一种新的对策,希望大家共同努力,功败垂成,在此一举!"

高山仰止——比喻道德高尚,令人无法企及。★"书山有路勤为径",在知识爆炸的今天,我们更要努力攀登书山,而不能高山仰止。

高山流水——指知音或知己,比喻高妙的乐曲。★雨过天晴,我们站在山崖边欣赏着高山流水,心里有一种说不出的愉快。

改头换面——只换形式,不换内容。贬义。★由于乡亲父老的艰苦奋斗,只不过几年,我的家乡就改头换面,山青水绿,牛肥了,粮多了。

果不其然——指果然,强调不出所料。★听说这位气功大师能够功发疾消,今天会了他一下,果不其然,他没有那么大的能耐。(句子前后表意相反,使用不当。)

光怪陆离——意思是"光彩奇异,色泽繁杂,现象奇异,形容奇形怪状,各式各样"。中性,不要误认为贬义。面对光怪陆离的现代观念,他们能从现实生活的感受出发,汲取西方艺术的精华,积极探索新的艺术语言。(用来修饰"现代观念"是可以的)

瓜田李下——形容容易引起嫌疑的地方。易误用为形容田园生活。

鬼斧神工——形容人的制作技艺高超,常误用为形容自然景观。相类似的还有"巧夺天工"。

高屋建瓴——瓴(líng),盛水的瓶子。在高高的屋顶上把瓶子里的水往下倒。比喻居高临下,不可阻挡的形势。
★这座度假村建在山的最高处,面对着一望无际的大海,远远望去,的确给人以高屋建瓴的感觉。

隔靴搔痒——比喻说话作文等不中肯,没有抓住解决问题的关键。★季岚峰违规操作是要批评的,但他自尊心特别强,又是初犯,批评时不要太尖锐,隔靴搔痒点到为止就行了。

管窥蠡测——蠡(lí),瓢。测,量。从竹管里看天,用瓢来测量海水。比喻眼光狭小,见识短浅,对事物的观察和了解很肤浅。★作家如果不深入生活,坐在屋子里管窥蠡测,就创作不出受人民群众欢迎的作品。

鬼使神差——差(chāi),派遣,指使。古人对于一些很凑巧的事情,不能科学地加以解释,就认为是鬼神在暗中指使。比喻事情的发生完全出乎意外。

改弦易辙——乐器换掉弦,车子改换道路。比喻变更方向、计划或做法。★虽然这个店的招牌几易其名,改弦易辙,但因其服务质量差,顾客仍然门可罗雀。

改弦更张——张,给乐器上弦。改换、调整乐器上的弦,使声音和谐。比喻变更方针、计划或办法。★教学秩序整顿以后,以前那种不正常的师生关系也应该改弦更张了。

感同身受——心里很感谢,如同亲身感受到恩惠一样,多用于代人向对方致谢。不能误为"亲身感受"。

肝脑涂地——原来形容惨死,后来表示竭尽忠诚,不惜任何牺牲。★西山村伏击战中,日寇被八路军打得横尸阡陌,肝脑涂地。

拐弯抹角——形容行路曲、折很多,也比喻讲话不爽直。★他看问题总是拐弯抹角,以至于卷进生活的旋涡,不能超脱。

甘之如饴——甘,甜,引申为甘愿,乐意。饴(yí),饴糖,麦芽糖。认为甜得像糖一样。多比喻甘心情愿去做某种艰苦的事或勇于承受最大的牺牲。

狗尾续貂——貂(diāo),一种毛皮珍贵的动物。原指官爵太滥。古代皇帝的侍从官员用貂尾作帽子上的装饰,官封得太滥,貂尾不够只好用狗尾来代替。后来比喻拿不好的东西续在好东西的后面,前后不相称。多指文学作品。★文章这两段原先衔接得很顺当,修改者却在中间硬加了两个所谓"过渡句",反而给人以狗尾续貂之感。

过犹不及——犹,如,同。及,到。事情做过了头,就跟做得不够一样,都是不对的。

刮目相看——用新的眼光来看待。也说刮目相待。进入高三以来,一向成绩平平的陈立真特别刻苦,进步很大,真叫人刮目相看。

官样文章——指有固定套式的例行公文。引申为没有实际意义的虚文滥调。★应用文,比如"合同""调查报告""总结"等官样文章,一般不使用文学语言。

耿耿于怀——是说心中有事(多为令人牵挂的或不愉快的)萦绕,无法排遣。我始终没来得及按照总编的要求修改这个剧本,几年来我一直耿耿于怀,深感有负他的嘱托。

古诗欣赏

夏之歌

【原诗】

孟 夏

唐 贾弇

江南孟夏天,慈竹笋如编。

蜃气为楼阁,蛙声作管弦。

【注释】

孟夏:初夏,指农历四月。

慈竹:竹名,亦称子母竹。如编:像编排起来一样。

蜃气:古人以为蜃(大蛤)吹气可成楼阁虚景,实际是光线穿过不同密度的空气,经过折射,把远景显现在空中的一种幻影,也称为海市蜃楼。

管弦:形容蛙的鸣叫像奏乐一样。

【品悟】

这首诗描写初夏的江南风景。首句点明时令。第二句写竹,是近景。第三句写蜃气,是远景。第四句写蛙声,则是由写形象转而写传入听觉器官的声音了。诗人用白描的手法,在仅有二十字的小诗里,就勾画出了一派江南风光,形象生动,有声有色。

【关键词】

内容上:江南初夏风光

手法上:白描

经典诵读

三字经(二)

一而十,十而百,百而千,千而万。

三才者,天地人。三光者,日月星。

三纲者,君臣义,父子亲,夫妇顺。

曰春夏,曰秋冬,此四时,运不穷。

曰南北,曰西东,此四方,应乎中。

曰水火,木金土,此五行,本乎数。

曰仁义,礼智信,此五常,不容紊。

稻粱菽,麦黍稷,此六谷,人所食。

马牛羊,鸡犬豕,此六畜,人所饲。

曰喜怒,曰哀惧,爱恶欲,七情具。

名言名句

论语名句——求知篇

●子曰:"知之为知之,不知为不知,是知也。"(为政·第二)

——孔子说:"对于学习,知道的就是知道,不知道就是不知道,这才叫真正的知道啊!"

●子曰:"好仁不好学,其蔽也愚;好知不好学,其蔽也荡;好信不好学,其蔽也贼;好直不好学,其蔽也绞;好勇不好学,其蔽也乱;好刚不好学,其蔽也狂。"(阳货·第十七)

——孔子说:"爱好仁德而不爱好学习,它的弊病是受人愚弄;爱好聪明而不爱好学习,它的弊病是行为放荡;爱好诚信而不爱好学习,它的弊病是危害亲人;爱好直率却不爱好学习,它的弊病是说话尖刻;爱好勇敢却不爱好学习,它的弊病是犯上作乱;爱好刚强却不爱好学习,它的弊病是狂妄自大。"

●子曰:"道听而涂说,德之弃也。"(阳货·第十七)

——孔子说:"君子应该广闻博识以蓄养道德,如果在路上听到传言就到处去传播,这是道德所唾弃的。"

●子曰:"多闻阙疑,慎言其余,则寡尤;多见阙殆,慎行其余,则寡悔。"(为政·第二)

——孔子说:"多听多学习,消除心中的疑惑,这样你的言语将会比别人更谨慎,因此会减少言语上的失误而带来的惭愧;多看多学习,你的行动将会比别人更谨慎,因此会减少行动上的失误而带来的懊悔。"

●子曰:"多闻,择其善者而从之,多见而识之,知之次也。"(述而·第七)

——孔子说:"多听去别人的意见,选择好的加以接受;多看,然后记在心里,这是获取知识最可靠的步骤。"

●子曰:"吾尝终日不食,终夜不寝,以思,无益,不如学也。"(卫灵公·第十五)

——孔子说:"我曾经整天不吃饭,彻夜不睡觉,去左思右想,结果没有什么好处,还不如去学习为好。"

●子曰:"学而不思则罔,思而不学则殆。"(为政·第二)

——孔子说:"只读书学习而不独立思考,就会被繁多的学术见解弄得无所适从;只空想而不读书学习,就会因思想的片面而走向歧途。"

●子曰:"攻乎异端,斯害也已。"(为政·第二)

——孔子说:"攻击那些不正确的言论,那些不正确的言论带来的祸害就可以消除了。"

●子曰:"古之学者为己,今之学者为人。"(宪问·第十四)

——孔子说:"古代的人学习是为了提高自己,使自己的人格得以升华,而现在的人学习是为了谋生或迎合世人的欲求,以博取名利。"

●子曰:"不曰'如之何,如之何'者,吾末如之何也已矣。"(卫灵公·第十五)

——孔子说:"一个临事不去想想'该怎么办,又该怎么办'的人,我对他也不知怎么办好了。"

●子曰:"知之者不如好之者,好之者不如乐之者。"(雍也·第六)

——孔子说:"懂得它的人,不如爱好它的人;爱好它的人,又不如以它为乐的人。"

●子曰:"君子病无能焉,不病人之不己知也。"(卫灵公·第十五)

——孔子说:"君子担忧的是自己没有真才实学,而不担忧世人不知道自己。"

十

晓风晨语

●树不修,长不直;人不学,没知识。

●用珠宝打扮自己,不如用知识充实自己。

常见多音字

H

哈达 hǎ	尸骸 hái	稀罕 hǎn
悍然 hàn	沆瀣 hàng xiè	引吭高歌 háng
寒号虫 háo	干涸 hé	巷道 hàng
一丘之貉 hé	上颌 hé	喝彩 hè
负荷 hè	沟壑 hè	褐色 hè
横财 hèng	内讧 hòng	一哄而散 hòng
横行 héng	蛮横 hèng	横祸 hèng
糊口 hú	囫囵 hú lún	华山 huà
踝骨 huái	徘徊 huái	怙恶不悛 hù
豢养 huàn	病入膏肓 huāng	会厌 huì
忌讳 huì	溃(殨)脓 huì	诲人 huì
晦气 huì	阴晦 huì	污秽 huì
浣衣 huàn	霍乱 huò	浑水摸鱼 hún
混淆 hùn	和泥 huó	搅和 huò
豁达 huò		

常见词语

H

横渡长江	和蔼可亲	和盘托出	含英咀华
含饴弄孙	含糊其辞	含辛茹苦	混为一谈
含血喷人	含沙射影	寒暄客套	酣畅淋漓
酣然入梦	海枯石烂	海阔天空	海底捞月

海市蜃楼	海誓山盟	虎视眈眈	汗流浃背
汗马功劳	汗牛充栋	扞格不入	号令如山
侯门如海	厚颜无耻	哄堂大笑	洪水猛兽
火中取栗	洪福齐天	化学反应	浑身是胆
沆瀣一气	怙恶不悛	荒诞不经	毁家纾难
讳疾忌医	害群之马	喊冤叫屈	撼天动地
豪言壮语	豪情壮志	毫厘不爽	毫无疑义
毫不介意	毫不示弱	好高骛远	浩然之气
浩如烟海	浩浩荡荡	荷枪实弹	何去何从
何足挂齿	涸辙之鲋	和颜悦色	混淆黑白
烘云托月	合情合理	横行霸道	横七竖八
横冲直闯	恨铁不成钢	恨之入骨	红颜薄命
红不棱登	红男绿女	红装素裹	轰轰烈烈
轰动一时	鸿鹄之志	后顾之忧	混世魔王
魂不守舍	后生可畏	厚此薄彼	厚古薄今
呼风唤雨	呼天抢地	胡说八道	胡言乱语
胡思乱想	胡作非为	湖光山色	河东狮吼
糊里糊涂	狐朋狗友	狐假虎威	花好月圆
花言巧语	花容月貌	哗众取宠	欢度春节
欢天喜地	画地为牢	画蛇添足	画饼充饥
画龙点睛	话中有话	话不投机	化险为夷
化整为零	缓兵之计	患得患失	患难与共
活灵活现	焕然一新	荒谬绝伦	荒淫无耻
荒无人烟	荒诞无稽	黄道吉日	皇亲国戚
黄粱美梦	惶惶不安	恍然大悟	恢宏大度
悔过自新	绘声绘色	昏天黑地	挥金如土
货真价实	挥洒自如	挥霍无度	灰心丧气
火冒三丈	灰飞烟灭	回头是岸	回味无穷
回肠荡气	回天之力	回心转意	悔过自新
毁誉参半	毁于一旦	昏昏欲睡	祸国殃民
浑浑噩噩	浑然一体	浑身解数	浑水摸鱼
横戈跃马	魂不附体	魂飞魄散	
哈密瓜	海洛因	寒号鸟	含羞草
汗津津	旱烟袋	好端端	核潜艇

荷尔蒙　　和事老　　胡萝卜　　护身符

比比看看

H

涵养　修养

涵养：着重指在受到冒犯时能宽容大度，控制自己的感情。修养：指在思想品质、道德情操方面有过一定的锻炼，达到了一定的水平。

和睦　和谐

和睦：相处融洽友爱，不争吵。和谐：配合得适当和匀称。

合计　核计

合计：盘算，商量；合在一起计算。核计：核算（成本等）。

何况　况且

何况：用反问语气表示比较起来更进一层的意思。况且：只表示进一步申诉理由或追加理由。

轰然　哄然

轰然：大声。哄然：许多人同时发出声音。

宏大　洪大

宏大：侧重于规模大，常用于建筑物、队伍、场面、理想。洪大：声音大而响亮。

互相　相互

互相：是副词，作状语，如互相尊重。相互：是副词，可作状语，又可作定语，如相互关系。

化装　化妆

化装：为不被人识别或演戏而改变装束。化妆：为更美丽而打扮修饰。

涣然　焕然

涣然：消散，消失。如涣然冰释。焕然：光彩焕发。如光彩焕然。

惶惶　遑遑　煌煌

惶惶：惊恐不安，如人心惶惶、惶惶不安、惶惶不可终日。遑遑：匆忙不安定，如遑遑无所依归。煌煌：光彩夺目、盛大醒目，如煌煌数百万言、灯光煌煌。

会合　汇合

会合:着重于人相会聚拢。汇合:常比喻抽象事物(意志、力量等)汇聚在一起。

会晤　会面

会晤:会见,书面语。会面:会见,口语。

惠赠　敬赠

惠赠:别人赠给自己(敬词)。敬赠:自己赠给别人(谦词)。

H

沆瀣一气——比喻意趣投合的人勾结在一起。贬义。★李明和张伟从小就是好朋友,无论做什么事,他们总是沆瀣一气,共同进退。

汗牛充栋——形容书籍极多。古人中不乏刻苦学习的楷模,悬梁刺股者、秉烛达旦者、闻鸡起舞者,在历史上汗牛充栋。(用来形容古人学习刻苦,显然不当。)

鸿篇巨制——意思是"大部头的作品"。《康熙王朝》是一部以史实为依据的鸿篇巨制,它囊括了康熙在位时所有的重大历史事件。

海市蜃楼——比喻虚幻的事物。这次巴勒斯坦人士遭暗杀的事件,使得中东和平的前景再一次成为海市蜃楼。

画地为牢——比喻只许在指定范围内活动。★出于自身利益的考虑,一些地区画地为牢,实行地方保护主义,人为地分割和控制煤炭资源。

讳莫如深——原意为事件重大,讳而不言。后指把事情隐瞒得很紧。"讳",隐瞒。导演对筹拍的这部电视剧主要角色的人选讳莫如深,记者得不到任何信息,大失所望。

涣然冰释——涣然,消散的样子。冰释,像冰一样消融。形容疑虑、误会、隔阂等完全消除。★由于太平洋暖流的影响,去年春天来得早,春节刚过,北海公园就涣然冰释,让喜欢滑冰的人大失所望。(望文生义)

恒河沙数——像恒河里的沙粒一样，无法计算，形容数量很多。晴朗的夏夜,躺在广阔的草原上望着天上恒河沙数般的星星,惬意极了。

回马枪——是"回过头来给追击者以突然袭击"。★不久前,王刚又杀回马枪,再返中央电视台主持节目,又迅速吸引了不少观众的眼球。

火中取栗——比喻为别人冒险,白吃苦头,自己却得不到好处。★1.在伊拉克战争期间,一些女记者直接到前线采访,其冒险程度无异于火中取栗。★2.今年初上海鲜牛奶市场燃起竞相降价的烽火,销售价格甚至低于成本,这对消费者来说倒正好可以火中取栗。

豁然开朗——是指道理一下子明白了。★他性格热情、大方,豁然开朗,很让大家喜欢。

海誓山盟——指男女相爱时所立的誓言或盟约。★他们俩在拜把兄弟时曾经海誓山盟,永不背叛,可到了商战的关键时刻,竟成了仇敌。

好为人师——喜欢做别人的老师,表示不谦虚。★在这所山村小学里,他一干就是三十年,全身心扑在了学生身上。他常说:"要有下一辈子,还当孩子王!"王老师的这种好为人师的精神深深地感动了那些纯朴的乡亲们。

含英咀华——咀(jǔ),细嚼。英、华,花。口中含着花细细咀嚼。比喻细细体会玩味文章的精华。

皓首穷经——皓(hào)首,白头。穷,研究到极点。钻研经典一直到老。

邯郸学步——比喻生硬地模仿,不但学不到人家的本领,反而连自己固有的长处也丢掉了。★我们应该向先进企业学习,起初可能是邯郸学步,但终究会走出自己的路来。

怙恶不悛——怙(hù),依靠。悛(quān),悔改。坚持作恶不肯悔改。

怀瑾握瑜——瑾、瑜,美玉。比喻人具有纯洁而美好的品德。

毁家纾难——毁家,分散家产。纾(shū),解除、缓和。捐献全部家产,解救国难。

祸不单行——祸害常常一起到来。★没想到由于爱民大厦的工程质量不过关,监督机构工作不到位,结果造成重大事故,真是祸不单行。

祸起萧墙——萧墙,古代宫殿内当门的小墙(照壁),比喻内部。祸乱就发生在内部。某些人以"祸起萧墙"来解释"9·11"恐怖事件的本源,显然是不公允的。

虎视眈眈——眈眈(dān),注视的样子。形容恶狠狠地盯着,将要下手攫取。★1.中国女子乒乓球队参加世乒赛团体决赛的几名队员,都在虎视眈眈盯着女团奖杯。★2.战士们正趴在堑壕沿上,紧握着钢枪,虎视眈眈地望着敌营。(褒贬误用)

骇人听闻——骇(hài),惊吓。使人听了非常震惊。今年春节期间,山西某地发生了一起骇人听闻的假酒案。

绘声绘色——形容描写、叙述生动逼真。也作"绘声绘影"。★1.这场戏演得绘声绘色,赢得满场观众的喝彩。(绘声绘色——形容描写、叙事生动逼真,常误用作"有声有色")★2.北京电视台的编导很有水平,几个经济类节目都办得绘声绘色。(此句应改为"有声有色")

挥洒自如——多形容写字、绘画、作诗时运用笔墨不拘束,非常流利自然。★他是个精瘦的中年人,说话做事都挥洒自如,给人一种非常干练的印象。

古诗欣赏

夏之歌

【原诗】

小 池

宋 杨万里

泉眼无声惜细流,
树阴照水爱晴柔。
小荷才露尖尖角,
早有蜻蜓立上头。

【注释】

泉眼:泉水的出口。

惜:珍惜,爱惜。

晴柔:晴天里柔和的风光。

小荷:指刚刚长出水面的嫩荷叶。

尖尖角:还没有展开的嫩荷叶尖端。

头:上方。

【诗意】

泉眼无声地流淌着小水流,像是十分珍惜那泉水,映在水上的树阴喜欢这晴天里柔和的风光。鲜嫩的荷叶那尖尖的角刚露出水面,早早就已经有蜻蜓落在它的上头。

【品悟】

这是一首写初夏风光的小诗。诗人以新颖的构思和细腻的手法,把小池及其周围景物,描绘得生动传神,诗情盎然。只淡淡几笔,就勾勒出一幅夏季荷塘景色图。一个"惜"字,化无情为有情,仿佛泉眼是因为爱惜涓滴,才让它无声地缓缓流淌;一个"爱"字,给绿树以生命,似乎它是喜欢这晴柔的风光,才以水为镜,展现自己的绰约风姿。一个"才露",一个"早立",前后照应,逼真地描绘出蜻蜓与荷叶相依相偎的情景。

本诗用清新活泼的笔调,平易通俗的语言,描绘日常所见的平凡景物,充满浓郁的生活气息。

【关键词】

内容上:初夏风光

手法上:比喻　前后照应

经典诵读

三字经（三）

匏土革,木石金,丝与竹,乃八音。

高曾祖,父而身,身而子,子而孙。

自子孙,至玄曾,乃九族,人之伦。

父子恩,夫妇从,兄则友,弟则恭,

长幼序,友与朋,君则敬,臣则忠,

此十义,人所同。

论语名句——教育篇(上)

●子曰:"君子不重,则不威;学则不固。主忠信,无友不如己者。过,则勿惮改。"(学而·第一)

——孔子说:"君子如果不庄重就没有威仪,所学的就不会坚固。要亲近忠信的人,不要看不起朋友不如自己的地方;自己有了过错,就不要怕改正。"

●子曰:"圣人,吾不得而见之矣!得见君子者,斯可矣。"子曰:"善人吾不得而见之矣!得见有恒者,斯可矣。亡而为有,虚而为盈,约而为泰,难乎有恒矣。"(述而·第七)

——孔子说:"完美无缺的圣人我是不可能看到了,能看到不断追求道德的君子,这就可以了。"孔子又说:"完美无缺的善人我不可能看到了,能见到始终追求着公正之心的人,这也就可以了。本没有却装作有,本来空虚却装作充实,本来鄙陋却装作渊博,这样的人是不会有公正之心的。"

●子曰:"群居终日,言不及义,好行小惠,难矣哉!"(卫灵公·第十五)

——孔子说:"整天聚在一块,从不思考谈论什么是正义,只专好卖弄小聪明,要改变这种人可真难啊。"

●子曰:"学如不及,犹恐失之。"(泰伯·第八)

——孔子说:"真正做学问要觉得自己永远都很无知,如果骄傲自满,就会落后。就像逆水行舟,不进则退。"

●子曰:"与其进也,不与其退也。"(述而·第七)

——孔子说:"我们要帮助恳求上进的人,不要使人没有进步的机会,不能使人退步。"

●子以四教:文、行、忠、信。(述而·第七)

——孔子的教育宗旨有四项要求:文化知识的全面掌握、符合道德的言行、中正正义之心、诚实守信和言行一致。

●子曰:"过而不改,是谓过矣。"(卫灵公·第十五)

——孔子说:"知道犯了过错而不改正,这才真叫错误。"

●子路曰:"饱食终日,无所用心,难矣哉!"(阳货·第十七)

——子路说:"整天吃饱了饭,什么正事也不干,那么心灵将会受到空虚的折磨,这种人是很难受的呀!"

●子曰:"士而怀居,不足以为士矣。"(宪问·第十四)

——孔子说:"一个有知识、有才能的人,如果心中只考虑自己生活的安逸,而不关心大众的利益,就不配做一个具备仁德的士了。"

●子曰:"君子耻其言而过其行。"(宪问·第十四)

——孔子说:"君子认为说得多而做得少是可耻的。"

●子曰:"力不足者,中道而废。今女画。"(雍也·第六)

——孔子说:"力气不足的人,工作到一半就精疲力竭不得不停止。现在你是尚未去努力就把自己同力气薄弱的人划在一条线上而止步不前。"

●子曰:"过犹不及。"(先进·第十一)

——孔子说:"激进和保守一样,都偏离了中正之义,都没有按中庸之道去行事,过分和不足是一样的。"

●孔子曰:"不知命,无以为君子也;不知礼,无以立也;不知信,无以知人也。"(尧曰·第二十)

——孔子说:"不懂得天命,就不能做君子;不知道礼仪,就不能立身处世;不善于分辨别人的话语,就不能真正了解他。"

●子曰:"放于利而行,多怨。"(里仁·第四)

——孔子说:"无所顾忌地追求利益的行为,往往会招致别人更多的怨恨。"

●子曰:"焉用佞?御人以口给,屡憎于人,不知其仁。焉用佞?"(公冶长·第五)

——孔子说:"为什么一定要凭空用一些赞誉之词去赞美别人呢?对人不用心而只用嘴,常常会招致别人的讨厌。还不知道别人是否有仁德,何必就去轻易地赞誉他呢?"

●子谓子夏曰:"女为君子儒,无为小人儒。"(雍也·第六)

——孔子对子夏说:"你要做德才兼备心装天下百姓的学者,不要做有才无德、自私自利的书呆子。"

十一

● 任何业绩的质变都来自于量变的积累。

● 成功不是将来才有的,而是从决定去做的那一刻起,持续累积而成。

常见多音字

J

茶几 jī	畸形 jī	羁绊 jī
羁旅 jī	放荡不羁 jī	无稽之谈 jī
跻身 jī	通缉令 jī	汲取 jí
即使 jí	开学在即 jí	疾恶如仇 jí
嫉妒 jí	棘手 jí	贫瘠 jí
狼藉 jí	一触即发 jí	脊髓 jǐ
人才济济 jǐ	给予 jǐ yǔ	觊觎 jì yú
成绩 jì	事迹 jì	雪茄 jiā
信笺 jiān	歼灭 jiān	草菅人命 jiān
缄默 jiān	渐染 jiān	眼睑 jiǎn
间断 jiàn	矫枉过正 jiǎo	缴纳 jiǎo
校对 jiào	开花结果 jiē	事情结果 jié
结冰 jié	反诘 jié	拮据 jié jū
攻讦 jié	桔梗 jié	押解 jiè
情不自禁 jīn	根茎 jīng	长颈鹿 jǐng
杀一儆百 jǐng	强劲 jìng	劲敌 jìng
使劲 jìn	痉挛 jìng	抓阄 jiū
针灸 jiǔ	韭菜 jiǔ	内疚 jiù
既往不咎 jiù	狙击 jū	咀嚼 jǔ jué
循规蹈矩 jǔ	矩形 jǔ	沮丧 jǔ
龃龉 jǔ yǔ	前倨后恭 jù	镌刻 juān

镌谕 juān　　　　角色 jué　　　　棘手 jí

角斗 jué　　　　角逐 jué　　　　崛起 jué

猖獗 jué　　　　一蹶不振 jué　　　诡谲 jué

矍铄 jué　　　　攫取 jué　　　　细菌 jūn

龟裂 jūn　　　　俊杰 jùn　　　　崇山峻岭 jùn

竣工 jùn　　　　隽秀 jùn　　　　隽永 juàn

通缉 jī　　　　汲取 jí　　　　脊梁 jǐ

掎角之势 jǐ　　　汗流浃背 jiā　　　僭越 jiàn

侥幸 jiǎo　　　发酵酵母 jiào　　　地窖 jiào

嗟叹 jiē　　　　慰藉 jiè　　　　桀骜 jié

饥馑 jǐn　　　　噤若寒蝉 jìn　　　菁华 jīng

腈纶 jīng　　　以儆效尤 jǐng　　　痉风 jìng

迥然 jiǒng　　　窘迫 jiǒng　　　攫夺 jué

灸刺 jiǔ　　　　愧疚 jiù　　　　马厩 jiù

狙诈 jū　　　　笑容可掬 jū　　　沮遏 jǔ

倔犟 jué　　　　咬文嚼字 jiáo　　　校正 jiào

口角 jué（吵嘴）　口角 jiǎo（嘴角）

常见词语

J

鸡飞蛋打	鸡犬升天	疾风劲草	君主立宪
疾首蹙额	疾恶如仇	激浊扬清	吉光片羽
急中生智	军法从事	集思广益	集腋成裘
继往开来	军令如山	极乐世界	济济一堂
记忆犹新	既往不咎	机密泄露	机不可失
积善成德	积劳成疾	积习难改	积重难返
吉人天相	吉祥如意	计日成功	计划缜密
计划经济	计件工资	寄人篱下	寂然无声
饥不择食	饥寒交迫	加官晋爵	家喻户晓
家常便饭	家给人足	家徒四壁	佳偶天成
假公济私	假仁假义	价值连城	嫁祸于人
驾轻就熟	戛然而止	矫枉过正	鞠躬尽瘁
嘉言懿行	酒中掺水	鸠占鹊巢	举案齐眉

举止安详	洁白无瑕	兢兢业业	赳赳武夫
见猎心喜	见异思迁	狙击敌人	急赤白脸
精神焕散	嘉宾满座	即使如此	金榜题名
金科玉律	坚如磐石	矫揉造作	举世震惊
举行宴会	艰苦朴素	艰难困苦	金瓯无缺
既然如此	缄口不言	将计就计	将信将疑
江河日下	江湖骗子	江洋大盗	交口称赞
交头接耳	锦囊妙计	锦衣玉食	锦上添花
鲸吞蚕食	监守自盗	艰苦卓绝	兼收并蓄
渐入佳境	剑拔弩张	匠心独运	降志辱身
娇生惯养	骄兵必败	戒骄戒躁	焦头烂额
胶柱鼓瑟	洁身自好	节外生枝	节衣缩食
劫富济贫	借花献佛	津津有味	金玉良言
金碧辉煌	金刚怒目	井井有条	警钟长鸣
敬而远之	敬谢不敏	酒囊饭袋	酒肉朋友
九牛一毛	九霄云外	救死扶伤	局促不安
聚精会神	聚众滋事	聚沙成塔	军事部署
军事训练	街谈巷议	嗟来之食	结党营私
解铃系铃	据理力争	据为己有	卷土重来
居高临下	卷帙浩繁	决胜千里	决一雌雄
绝对服从	绝妙好辞	绝代佳人	拒人于千里之外
激将法	基本功	基督教	鸡毛信
寄生虫	金字塔	纪传体	夹竹桃
假道学	甲状腺	假撇清	贱骨头
脚手架	教唆犯	禁不住	金不换

比比看看

J

几乎　简直

几乎:表示相差很微小,将近于,如几乎折磨死。简直:强调语气比几乎强,带有夸张,强调相差极微小或几乎相同,非常接近,如简直是受骗了。

机体　肌体

机体:生命个体的总称,如加速机体的新陈代谢。肌体:身体,常比喻组织机构。

机制　体制

机制:有泛指一个工作系统的组织和部分之间相互作用的过程和方式的意义。体制:有国家机关、企业、事业单位等的组织制度的意义。

急需　亟待

急需:紧急需要。亟待:急迫地等待。

急剧　急遽

急剧:迅速而剧烈,如气温急剧下降。急遽:急速。

激励　激发

激励:激发鼓励,范围较宽。激发:刺激使奋发,范围较窄。

激烈　剧烈　强烈

激烈:着重指运动紧张或双方斗争尖锐,达到很高的程度,常形容争论、搏斗等。剧烈:指急剧变动或刺激厉害,常形容药性、疼痛等。强烈:着重指强而有力,也指程度高、浓度大,运用范围较广,能形容光线、色彩、对比等,也能形容欲望、感情等。

伎俩　把戏

伎俩:不正当的手段,比"把戏"语意重。

继续　持续

继续:(活动)连下去,延长下去。持续:延续不断。

寄予　寄寓

寄予:寄托,给予(同情、关怀等)。寄寓:(书)寄居,寄托。

尖厉　尖利

尖厉:形容声音高而刺耳。尖利:形容眼光尖锐。

交汇　交会

交汇:指水流、气流等聚集到一起,会合。交会:会合、相交。

借故　借口

借故、借口都有假托某种原因的意思,但在用法上是有区别的,主要在于:借故的"故"多是虚晃一枪,一般下面并不交代这"故"是什么,而是径直说出其真实的目的,即作了些什么;借口往往要交代出其所"借"的某种理由,然后再接着说出其真正的目的。

既而　继而

既而：时间副词，着重指前后两件事发生的时间相隔不久，一般单用。继而：关联副词，前后两事紧紧相连，常与"始而""先是"搭配。

鉴赏　欣赏

鉴赏：鉴定和欣赏。欣赏：领略玩赏。

鉴赏　鉴别

鉴赏：鉴定和欣赏。鉴别：鉴赏并辨别。

艰苦(艰苦卓绝)　坚苦(坚苦卓绝)

艰苦(艰苦卓绝)：艰难困苦，适用于环境、生活、岁月等客观条件。坚苦(坚苦卓绝)：坚毅刻苦，适用于主观精神、工作作风等。

艰深　艰涩

艰深：(道理、文词)深奥难懂。艰涩：(文词)晦涩，不流畅，不易理解。

鉴于　由于

从表原因的角度看，用法基本相同，鉴于有以某种情况为前提加以考虑的用法，"由于"没有这种用法。

间隙　间歇

间隙：空隙。间歇：动作变化等间隔一定时间停止一会。

简洁　简捷

简洁：说话作文简单明白，侧重于没有废话。简捷：说话作文直截了当，侧重于不拐弯抹角。

健全　健康

健全：强健而没缺陷。健康：生理机能正常，没有缺陷和疾病。

讲究　讲求

讲究：重在重视。讲求：重在追求。

校正　矫正　教正

校正：校对更正文字、位置上的偏差和错误。矫正：纠正生理毛病和错误偏差。教正：客套话，让人指教。

矫正　改正　纠正

矫正的对象是某方面的。改正的对象是偏差或错误。纠正的语气比改正重，带强制意味。

交代　交待

交代:把经手的事务移交给接替的人。交待:把事情或意见向有关的人说明,把错误或罪行坦白出来。

尽管　不管

尽管:连词,前句表示姑且承认某种事实,下文往往有"但是、然而"等表示转折的连词跟它呼应,反接上文。不管:连词,在任何条件或情况下结果都不会改变,后面常有"都"等副词与它呼应。

进而　从而

进而:继续往前,进一步。从而:连词,上文表原因、方法等,下文表结果、目的等。

精华　精粹

精华:指事物最精美的部分,比精粹更精美些。精粹:含有去粗存精的意思,多指单一的事物,如文章很精粹。

精密　严密　周密

精密:指准确精细,常形容仪器、机械、语言、测量、计算等。严密:指客观事物间结合得毫无空隙,也指人们做事毫无疏漏,或形容组织、逻辑、结构等,又形容防卫性的行为,如封锁、防守、注视等。周密:着重指处处照顾到,没有遗漏,不疏忽大意,常形容人的行为,如计划、部署、安排等。

界限　界线

界限:限度,多用于抽象事物。界线:两地区分界的线,多用于具体事物。

结余　节余

结余:结算后余下。节余:因节约而省下。

接合　结合

接合:意为相连、相接。结合:指事物间发生密切联系。

接受　接收

接受:指对事物容纳而不拒绝。接收:指收复、接纳。

紧缺　紧俏

紧缺:物资因短缺而供应紧张。紧俏:商品因销路好而供不应求。

就诊　应诊

就诊:就医,指病人到医生那里请他诊疗。应诊:指医生接受病人给予治疗。

径自　径直

径自:副词,表自己直接行动。例如:他没等会议结束就径自离开。径直:副词,表直接进行某件事,不再事先费周折。例如:你径直写下去吧,等写完了再讨论。

警醒　惊醒

警醒:指警戒醒悟。惊醒:指受惊动而醒来。

惊异　诧异

"惊异"和"诧异",都有惊奇和觉得奇异的意思,不过前者侧重"惊",后者侧重"奇"。

景点　景色

都有风景之意,但范围大小有区别,前者强调某一处风景,后者可以含多处风景。

竟然　果然

竟然:有居然的意思,表示情况发生意外,没有料到。果然:"真的、确实"的意思,表示情况同所说的或者所想的相符合,也有"如果真的""如果确实"的意思,表示假设同情况相符合。

拘谨　拘束

拘谨:重在谨慎小心。拘束:重在过分约束自己。

巨变　剧变

巨变:巨大的变化。剧变:剧烈的变化。

抉择　选择

抉择:挑选,选择。选择:挑选,抉择一般指重大问题。

成语积累
（★ 表示错误用法）

J

九牛一毛——指的是许多头牛身上的一根毛,比喻极大的数量中的极少数,微不足道。★机场附近山顶的大量无线发射台严重影响飞行安全,目前虽有一些已搬下山,但这对实现机场净空不过是九牛一毛。

桀骜不驯——指性格凶暴倔强或态度傲慢不服从。木船在风浪中剧烈地摇晃着,那人却稳稳地站立着,就像一个身怀绝技的骑士,骑在一匹桀骜不驯的野马上,任凭野马狂奔,他却泰然自若。

接踵而至——指一个接一个地到来。★五一期间,通往中华恐龙园的新区大道上人流如潮,接踵而至,形成一道假日旅游的亮丽风景线。(这里不合语境)

借箸代筹——原意是借你面前的筷子来指画当前的形势。后来表示代人策划。★没有资金,没有原料,我们只有借箸代筹,渡过难关。

今非昔比——指今天与过去不能相比。形容变化巨大。★当代诗坛颇不景气,想起唐宋诗词的成就,不禁让人产生今非昔比的感觉。(应用"今不如昔")

江河日下——江河的水越流越趋向下游。比喻事物日衰,景象日非。★近几年,黄河的部分河段多次出现断流现象,面对这江河日下的情况,人们开始冷静地思考环保问题。

激浊扬清——激,冲去。浊,脏水。比喻发扬一切好的,清除一切坏的。

积重难返——形容长期养成的习惯很深,难以改变。多指恶习、弊端发展到难以割除的地步。

兼收并蓄——把各种不同内容的东西都接收、保存下来。★对于这样的意见,也要加以分析,不可以兼收并蓄地完全肯定或否定。

间不容发——距离很近,中间不能放进一根头发。比喻情势危急到了极点。

机关用尽——机关,周密而巧妙的计谋。形容用尽心机。多用于贬义。

见仁见智——指对同一问题各人从不同角度持不同的看法。★他在文学上造诣极深,所以才能见仁见智,写出极有价值的论文来。

见微知著——微,小,指刚露出的一点苗头。著,明显。见到一点苗头就能看清其发展的趋向和实质性的问题。

见异思迁——指意志不坚定,喜爱不专一。★他在填报高考志愿时,又想报北大,又想报南大,总是见异思迁。(改"拿不定主意"为好)

金科玉律——科、律，法律条文。原来形容法律条文的尽善尽美，现在多指不可变更的条规。

金石为开——金石，指最坚硬的东西。像金石那样的东西也被感动了。形容对人真诚产生的感动力。

金瓯无缺——金瓯(ōu)，盛酒的器皿，借指国土。比喻国土完整。

金碧辉煌——形容建筑物或陈设华丽精致，光彩耀目。★金碧辉煌的落日映在空中，十分好看。

孑然一身——孑(jié)，单独。孑然，孤单的样子。孤零零的一个人。

交口称赞——众口同声赞誉。★很明显，舜的这两个举动，在任何时代、任何情况下，都是典型的腐败行为，然而，令人吃惊的是，孟子对之没有任何批评，反而交口称赞。

渐入佳境——原指甘蔗从上往下吃，越吃越甜。后用以比喻境况逐渐好转或兴味日益浓厚。

举足轻重——一抬足就影响两边分量的轻重。一举一动都关系到全局。形容所处地位重要，足以左右局势。

举案齐眉——案，古时有脚的托盘。汉代梁鸿的妻子给他送饭时，总是把端饭的盘子举得高高的，后泛用以形容夫妻相敬。★张弓一家三代，十多年来和睦相处，互敬互爱，真可谓举案齐眉。

匠心独运——巧妙的心思，独特的构思。★电影中有几处看来是闲笔，实际上却是匠心独运之处。

矫枉过正——矫，矫正。枉，弯曲。比喻纠正事物的偏失、错误过了头，而陷入另一种偏失、错误之中。★我们做任何工作，都有失误的可能，只有时常注意矫枉过正，才能把工作做得更好。

岌岌可危——形容十分危险，快要倾覆或灭亡。自从东南亚金融危机爆发，向他国提供贷款的日本银行也岌岌可危，日本的金融体系动荡不安。

剑拔弩张——形容形势紧张，一触即发。

戛然而止——声音突然停止。★就在那一瞬间，大黄狗忽然戛然而止，不再跟车追赶。

古诗欣赏

夏之歌

【原诗】

山亭夏日

唐　高骈

绿树阴浓夏日长，
楼台倒影入池塘。
水晶帘动微风起，
满架蔷薇一院香。

【注释】

水晶帘：形容映入水中的楼台倒影像水晶的帘子一样晶莹明澈。

蔷薇：落叶灌木，枝条繁茂，茎有刺，叶为羽状复叶，互生。其花、果、根等可入药或制香料。

【诗意】

盛夏时节，绿树葱郁，树阴下显得格外清凉，白昼比其他季节要长，清澈的池塘中映射出楼台的倒影。微风拂过，用水晶装饰的帘子轻轻晃动。蔷薇花开满了蔷薇架，满院都可闻到它那沁人心脾的香味。

【品悟】

诗写夏日风光，用近似绘画的手法：写绿树阴浓，楼台倒影，池塘水波，满架蔷薇，构成了一幅色彩鲜丽、情调清和的图画。

夏日炎热，酷暑难挨，但这首诗却写出了它特有的情趣：这里不但树绿荫浓，蔷薇满架，而且紧傍楼台就有一池碧澄清水。微风起时，既可带来清凉，又飘散着满院的花香。于景物的描写之中透出了诗人的愉悦。"水晶帘动微风起"一句，写得形象生动，它不仅写出了池水的明澈，楼台倒影的清晰，而且想象新奇，比喻贴切，把微风中楼影在水里轻轻摆动的情景，写得绘声绘形，如在眼前。这一切都是由诗人站立在山亭上所描绘下来的。山亭和诗人虽然没有在诗中出现，然而当人们在欣赏这首诗时，却仿佛看到了那个山亭和那位悠闲自在的诗人。

【关键词】

内容上：夏日炎热　酷热难耐

手法上：比喻贴切　想象新奇

三字经（四）

凡训蒙，须讲究，详训诂，明句读。

为学者，必有初，小学终，至四书。

论语者，二十篇，群弟子，记善言。

孟子者，七篇止，讲道德，说仁义。

作中庸，子思笔，中不偏，庸不易。

作大学，乃曾子，自修齐，至平治。

孝经通，四书熟，如六经，始可读。

诗书易，礼春秋，号六经，当讲求。

论语名句——教育篇（下）

●子曰："见善如不及，见不善如探汤。"（季氏·第十六）

——孔子说："看到善良的行为、好的事物赶紧去学，唯恐还来不及；看到不善良的行动、坏的事物，就好像把手伸到开水中一样，赶快避开。"

●子曰："未能事人，焉能事鬼？"（先进·第十一）

——（季路问怎样去侍奉鬼神）孔子说："连世上的活人都没能侍奉好，怎么能诚心去侍奉鬼神呢？"

●子曰："中人以上，可以语上也；中人以下，不可以语上也。"（雍也·第六）

——孔子说："对学生要因材施教：具有中等以上才智的人，可以给他讲授高深的学问；在中等水平以下的人，不可以给他讲高深的学问，要从一般的学问学起。"

●子曰："不愤①不启，不悱②不发。举一隅③不以三隅反，则不复也。"（述而·第七）

注释：

①愤：苦思冥想而仍然领会不了的样子。

②悱（fěi）：想说又不能明确说出来的样子。

③隅（yǔ）：角落。

095

——孔子说："教导学生，不到他想弄明白而不得的时候，不去轻易开导他；不到他想出来却说不出来的时候，不轻易去启发他。教给他一个方面的东西，他却不能由此而推知其他三个方面的东西，那就不再教他了，因为他不会有更多的收获。"

●子曰："二三子以我为隐乎？吾无隐乎尔。吾无行而不与二三子者，是丘也。"（述而·第七）

——孔子说："你们这些学生以为我讲课时对你们有什么隐瞒的吗？我是丝毫没有隐瞒的，知无不言，言无不尽。我没有什么事不告诉你们的，这就是我孔丘的为人。"

●子曰："吾与回言，终日不违，如愚。退而省其私，亦足以发，回也不愚。"（为政·第二）

——孔子说："我整天给颜回讲学，他从来不提反对的意见和疑问，像个蠢人。等他下课之后，我考察他私下的言论，发现他能够将所学的知识加以发挥，可见颜回其实并不笨。"

●子曰："温故而知新，可以为师矣。"（为政·第二）

——孔子说："在温习旧知识时，能有新体会、新发现，这样的人在学习上就可以做别人的老师了。"

●子曰："三年学，不至于谷①，不易得也。"

注释：

①谷：古代以谷作为官吏的俸禄，这里用"谷"字代表做官。不至于谷，即做不了官。

——孔子说："跟我求学三年的学生，假如学了三年之后，还是初衷不改，不急着去追求俸禄，这样的人实在太难得了。"

●君子务本，本立而道生。（学而·第一）

——君子专心致力于道德的培养，道德基础确立了，处世、做学问就会自然有成就。

●子曰："兴于诗，立于礼，成于乐。"（泰伯·第八）

——孔子说："（人的修养）开始于学《诗》，自立于学礼，完成于学乐。"（因为诗抒发感情，培养正气；合乎道德的礼法使人处世有依靠；音乐涵养人的性情，抒发学成后的抱负。）

●子曰："自行束脩①以上，吾未尝无诲焉。"（述而·第七）

注释：

①束脩：脩（xiū），干肉，又叫脯。束脩就是十条干肉。孔子要求他的学生，初次见面时要拿十条干肉作为学费。后来，就

把学生送给老师的学费叫做"束脩"。

——孔子说："只要自愿拿着十条干肉为礼来见我的人（因为他是肯自我修行、约束自己、勤于上进的学生），我从来没有不给他教诲的。"

●樊迟问仁。子曰："爱人。"问知。子曰："知人。"（颜渊·第十二）

——樊迟问什么是仁。孔子说："博爱的精神就叫仁。"樊迟问什么是智，孔子说："能洞悉别人的心理状态就叫智。"

●子曰："有教无类。"（卫灵公·第十五）

——孔子说："在教育事业上，人人都可以接受平等的教育，不应有贫富、智愚、等级的偏见。"

十二

晓风晨语

●你可以选择这样的"三心二意"：信心、恒心、决心；创意、乐意。

●苦想没盼头，苦干有奔头。

常见多音字

K

同仇敌忾 kài	不卑不亢 kàng	坎坷 kě
可汗 kè hán	倥偬 kǒng zǒng	
会计 kuài	窥探 kuī	傀儡 kuǐ
勘察 kān	揩拭 揩油 kāi	楷模 kǎi
慷慨 kǎi	鸟瞰 kàn	高亢 kàng
犒劳 kào	看管 kān	恪守 kè
脍炙人口 kuài	眼眶 kuàng	岿然 kuī
喟叹 kuì	溃烂 kuì	功亏一篑 kuì
轮廓 kuò		

常见词语

K

开诚布公	开卷有益	开门见山	可见一斑
可做蓝本	刊谬补缺	看家本领	看破红尘
坑害好人	空前绝后	脍炙人口	坎坷不平
康庄大道	慷慨解囊	慷慨陈词	恪尽职守
刻苦耐劳	苛捐杂税	可乘之机	可歌可泣
可想而知	客随主便	可望而不可即	
刻骨铭心	刻舟求剑	刻不容缓	克己奉公
可亲可敬	克勤克俭	铿锵有力	铿锵玫瑰
空谷足音	空中楼阁	空洞无物	空穴来风

口干舌燥	口蜜腹剑	口是心非	口若悬河
叩头下拜	枯燥无味	枯木逢春	扣人心弦
苦口婆心	苦尽甘来	苦心经营	夸夸其谈
夸大其词	夸父逐日	款语温言	胯下之辱
快人快语	款款而来	宽宏大量	宽大为怀
狂妄自大	旷日持久	溃不成军	狂风暴雨
狂犬吠日	困兽犹斗	苦心孤诣	魁梧伟岸
鲲鹏展翅			
卡介苗	开场白	开小差	抗生素
空城计	孔方兄	扩胸器	

比比看看

K

开辟　开拓

开辟:强调从无到有地打通、创建,如开辟航线。开拓:是从小到大地发展、扩大,对象一般是范围较大的,如开拓新局面;用于比喻义时,对象可指领域,也可指胸怀,如开拓人的心胸。

开阔　开朗

开阔:突出心胸广阔的程度。开朗:重在表现思想乐观、畅快。

开拓　开创

开拓重在拓展,开创重在创新。

凯旋　胜利

凯旋:胜利归来,与"败归"相对。胜利:作战取胜。

看中　看重

看中:经过观察,感到满意,不能加很字。看重:看得起,看得很重要,可以说很看重。

考查　考核

考查:用一定的标准衡量。考核:考查审核,有"核对"的意思。

刻板　呆板

刻板:侧重指不会变通、缺少变化,多用于学习、经验等方面的生搬硬套,多用于书面语,多用于形容做某事。呆板:侧重指不自然、不生动,多用于艺术创作和为人处世中的墨守成规,通用于口语和书面语,既可以用于形容人,也可以用于形容做某事。

恪守　固守

恪守:有遵守之意,但比"遵守"意重。固守:多用于对具体的事物的守卫。

恳切　殷切

恳切:指上下级、长幼及同志间的真诚希望。殷切:多指组织对成员、长辈对晚辈等。

夸耀　夸奖

夸耀:一般是炫耀自己,常含贬义。夸奖:一般是称赞别人,不带褒贬色彩。

款式　款识

款式:格式,样式。如款式新颖,这个书柜的款式很好。款识(zhì):(1)钟鼎等器物上所刻的文字。(2)书信、书函上面的落款。

宽慰　安慰

宽慰:重点在"宽",表示宽解和慰藉,常与"因忧伤而想不通"相对。安慰:侧重于"安",表示情绪上的安定,无波动,常与"焦虑、不安"相对。

况且　何况

况且:侧重于在已经说出理由之外,再追加一层理由,相当于口语中的"再说"。何况:则用于反问句中,表示"逼进一层"的意思,一浅一深的两件事,浅的如此,深的更不用说了,相当于口语中的"甭说"。

成语积累

(★表示错误用法)

K

开门揖盗——揖(yī),作揖,表示欢迎。比喻引进坏人,自招祸患。

沆瀣一气——沆瀣(hàng xiè),夜间的水气。比喻气味相投的人勾结在一起。

涸辙之鲋——涸(hé),水干。鲋(fù),鲫鱼。干困在车辙沟里的鲫鱼。比喻处于困境亟待援助的人。

开源节流——源,水源。比喻经济上增加收入,节省开支。

开宗明义——宗,主旨,文章的主题,行动的目的等。指说话写文章一开始就把主要意思点明白。

侃侃而谈——侃侃(kǎn),从容不迫的样子。不慌不忙地谈着。★1. 做学问不能侃侃而谈,要扎扎实实地下工夫,不下苦功夫不行。★2.他这人平素爱出风头,工作华而不实,喜欢侃侃而谈,害怕艰苦的斗争,在严重关头经不起考验是必然的。(改"夸夸其谈"为好)

苦心孤诣——苦心,刻苦用心。孤诣,别人所达不到的。用尽心思刻苦钻研,达到了别人所达不到的境界。公司能有今天的规模并在社会上享有这么高的知名度,是他苦心孤诣地经营的结果。

苦口婆心——形容怀着好心再三诚恳地劝告。一般用于劝告那些不能较快地认识自己缺点错误的人。★今年我终于考上了大学。就要离开故乡时,班主任苦口婆心地嘱咐我:"上了大学,要为四个现代化而加紧学习。"

刻骨铭心——比喻牢牢记在心上,永远不忘(多用于对别人的感激)。★面对二十年辉煌,回顾千年往事,一个刻骨铭心的难忘的教训就是,过去耽误的时间太多了。

脍炙人口——脍(kuài),切得很细的肉或鱼。炙(zhì),烤熟的肉。美味人人喜欢吃,比喻好的诗文或事物,人们都称赞。★在这个偏僻的小镇,居然有这么一个豪华餐厅,虽说店面不大,但脍炙人口的饭菜却引来了络绎不绝的顾客。

空穴来风——穴,洞、孔。来,招致。有了洞穴才进风。常指某种消息和谣言的传布不是完全没有原因的。现多用来比喻消息和传说毫无根据。从近一时期的情况分析,我们企业的机构改革要有大举措的传说,绝不是空穴来风。

口传心授——指师徒间口头传授,内心领会。★读诗,应当口传心授,一边读一边思考它的意义和道理。

【原诗】

夏　日

宋　张耒

长夏村墟风日清，
檐牙燕雀已生成。
蝶衣晒粉花枝舞，
蛛网添丝屋角晴。
落落疏帘邀月影，
嘈嘈虚枕纳溪声。
久斑两鬓如霜雪，
直欲樵渔过此生。

【注释】

檐牙：指屋檐探出部分。已生成：指燕雀已孵出幼雏。

蝶衣：蝴蝶的翅膀。晒粉：阳光照射在多粉的蝴蝶翅膀上。

蛛网添丝：蜘蛛拉丝补网。

落落疏帘：疏疏落落的样子。邀月影：把月光引到室内来。

嘈嘈：嘈嘈杂杂，形容溪水流动的声音。虚枕：竹制中空的枕头，夏日乘凉用。纳：纳入。

斑：有的本子作"判"，这里从"斑"，形容白发。

【诗意】

炎热的夏日里，村子里天气难得今天这样的清爽；屋檐下羽翼未满的小燕子和麻雀也将头伸出了窝巢，叽叽喳喳的鸣叫。蝴蝶扇动着翅膀停落在花枝上，使花枝不断地舞动；在晴朗的屋角处，蜘蛛正在添丝补网。眼前是照射在帘子上疏疏落落的月影，响在枕畔的是小溪潺潺流淌的水声。久已花白的头发如今像霜雪一般白了，不如就做个樵夫或渔翁度过余生。

【品悟】

张耒（1054—1114），字文潜，号柯山，楚州淮阴（今江苏淮阴）人，"苏门四学士之一"。

这首诗写的是风日晴和的长夏景象，作者从檐燕、粉蝶，写到补网蜘蛛；从月色穿帘，写到溪声入耳。既刻画了自然景物，又描绘了居室环境，呈现一幅幽静自然的夏日生活画面。

表现了诗人对清静、安宁生活的喜爱,抒发了诗人淡泊名利,厌倦世俗,不愿与世相争的高洁情怀和对村野田园生活的向往。

【关键词】

内容上:风日晴和的长夏景象

手法上:描写　衬托　炼字

经典诵读

三字经(五)

有连山,有归藏,有周易,三易详。

有典谟,有训诰,有誓命,书之奥。

我周公,作周礼,著六官,存治体。

大小戴,注礼记,述圣言,礼乐备。

曰国风,曰雅颂,号四诗,当讽咏。

诗既亡,春秋作,寓褒贬,别善恶。

三传者,有公羊,有左氏,有谷梁。

经既明,方读子,撮其要,记其事。

五子者,有荀扬,文中子,及老庄。

经子通,读诸史,考世系,知终始。

名言名句

论语名句——君子篇

●子曰:"君子不器。"(为政·第二)

——孔子说:"君子不像器具那样有固定的模式,只有某一方面的用途,(君子迎合于道,就像水和空气,随圆就方,没有定型;随曲就直,没有阻挡。)"

●子曰:"君子欲讷于言而敏于行。"(里仁·第四)

——孔子说:"君子说话要谨慎,而行动要敏捷。"

●君子可逝也,不可陷也;可欺也,不可罔也。(雍也·第六)

——君子可以到井边去设法救人,却不可以陷入井中;君子可能被一时欺骗,但不可能被长久地蒙蔽、愚弄。

●子曰:"质胜文则野,文胜质则史。文质彬彬,然后君子。"(雍也·第六)

——孔子说:"质朴多于文采,就像个乡下人,流于粗俗;

文采多于质朴，就流于虚伪、浮夸。只有质朴和文采配合恰当，才是个君子。"

●子曰："君子无所争，必也射乎！揖让而升，下而饮，其争也君子。"（八佾·第三）

——孔子说："君子没有什么可与别人争的事情。如果有的话，那就是射箭比赛等一些体育竞赛吧。比赛时，先相互作揖谦让，然后上场，尽己所能。射完后，走下场来，又相互作揖，然后举杯互庆。这种彬彬有礼，旨在互相提高的争斗就是所谓的君子之争。"

●曾子曰："可以托六尺之孤，可以寄百里之命，临大节而不可夺也。君子人与？君子人也。"（泰伯·第八）

——曾子说："一个可以把遗孤托付给他的人，一个可以把国家的政权托付给他的人，一个面临生死存亡的紧急关头而不动摇屈服的人。这样的人是君子吗？的确是真正的君子啊！"

●司马牛问君子。子曰："君子不忧不惧。"曰："不忧不惧，斯谓之君子已乎？"子曰："内省不疚，夫何忧何惧？"（颜渊·第十二）

——司马牛问怎样才算是一个君子。孔子说："君子不忧愁，不恐惧。"司马牛又问："不忧愁，不恐惧，这样就算君子了吗？"孔子说："如果自我反省时问心无愧，那还有什么忧愁和恐惧呢？"

●子曰："君子上达，小人下达。"（宪问·第十四）

——孔子说："君子通达天命仁义，追求高尚的道德；小人通达人情世故，追求私欲的满足。"

●子曰："君子矜而不争，群而不党。"（卫灵公·第十五）

——孔子说："君子独立自强而不与别人争执，合群而不拉帮结派。"

●子曰："君子求诸己，小人求诸人。"（卫灵公·第十五）

——孔子说："君子求之于自己，小人求之于别人。"

●子曰："君子不以言举人，不以人废言。"

——孔子说："君子不凭一个人说的话来举荐他，也不因为一个人说不好而不采纳他的好话。"

●孔子曰："君子有三畏：畏天命，畏大人，畏圣人之言。小

人不知天命而不畏也,狎大人,侮圣人之言。"(季氏·第十六)

——孔子说:"君子有三种敬畏:敬畏自然法则,敬畏地位高贵的人,敬畏圣贤的言论。小人不懂得天命,因而也不敬畏,不尊重地位高贵的人,轻侮圣人之言。"

●子夏曰:"君子有三变:望之俨然,即之也温,听其言也厉。"(子张·第十九)

——子夏说:"君子让人感觉有三种变化:看外表有威严而不可亲近的感觉,接近后又觉得温和可亲,听他的言谈又是坚守道义而不随便附和别人。"

●子贡曰:"君子之过也,如日月之食焉。过也,人皆见之;更也,人皆仰之。"(子张·第十九)

——子贡说:"光明磊落的君子有过错的时候就好像日食和月食一样。有过错的时候,人们都清楚地看见;改正后恢复原有的光明,人们都像过去一样敬佩他。"

●子曰:"君子惠而不费,劳而不怨,欲而不贪,泰而不骄,威而不猛。"(尧曰·第二十)

——孔子说:"君子要能给人以恩惠而自己却无所耗费,使人付出辛劳而不抱怨,有正当的要求而没有过分的贪欲,庄重而不傲慢,威严而不凶狠。"

十三

晓风晨语

●不吃饭则饥,不读书则愚。
●不向前走,不知路远;不努力学习,不明白真理。

常见多音字

L

邋遢 lā ta	拉家常 lá	丢三落四 là
书声琅琅 láng	唠叨 láo	落枕 lào
奶酪 lào	勒索 lè	勒紧 lēi
擂鼓 léi	羸弱 léi	果实累累 léi
罪行累累 lěi	擂台 lèi	罹难 lí
潋滟 liàn	打量 liáng	量入为出 liàng
撩水 liāo	撩拨 liáo	寂寥 liáo
瞭望 liào	趔趄 liè qie	恶劣 liè
雕镂 lòu	棕榈 lǘ	掠夺 lüè
褴褛 lán	青睐 lài	烙印 lào
肋骨 lèi	花蕾 lěi	收敛 liǎn
踉跄 liàng	摆列 liè	蠡帽 lí
迤逦 lǐ	莅临 lì	凛冽 lǐn liè
租赁 lìn	遴选 lín	囹圄 líng
弄堂 lòng	镂空 lòu	贿赂 lù
露天 lù	露马脚 lòu	佝偻 lóu
伛偻 lǘ	荦荦 luò	

常见词语

L

令行禁止	令人发指	令人恐怖	浪费金钱
李代桃僵	利害得失	离乡背井	棱角分明

历历在目　厉行节约　绿草如茵　六宫粉黛
戮力同心　腊梅盛开　篮球健将　列出提纲
浏览一遍　劳动锻炼　寥寥无几　礼尚往来
龙盘虎踞　滥竽充数　良莠不齐　屡见不鲜
鳞次栉比　玲珑剔透　淋漓尽致　量体裁衣
炉火纯青　拉帮结派　来日方长　来者不拒
力挽狂澜　力争上游　力不从心　利令智昏
兰心蕙质　蓝田生玉　烂醉如泥　郎才女貌
狼狈不堪　狼狈为奸　牢不可破　劳苦功高
老气横秋　老当益壮　老谋深算　老奸巨猾
乐善好施　雷厉风行　雷霆万钧　冷若冰霜
冷嘲热讽　愣头愣脑　里应外合　理直气壮
立竿见影　立功赎罪　励精图治　例行公事
历尽艰辛　廉洁奉公　怜香惜玉　恋恋不舍
梁上君子　良师益友　良辰美景　两袖清风
两败俱伤　量力而行　了如指掌　临危不惧
临阵磨枪　凛不可犯　灵丹妙药　领先一步
另眼相看　另起炉灶　溜须拍马　流芳百世
流连忘返　柳暗花明　六亲不认　六神无主
漏洞百出　漏网之鱼　骡马成群　鹿死谁手
碌碌无为　绿林好汉　驴唇马嘴　屡教不改
乱七八糟　屡试不爽　绿树成荫　绿红肥瘦
略见一斑　论功行赏　络绎不绝　落落大方
拉关系　　癞皮狗　　懒洋洋　　老搭档
类人猿　　冷处理　　拉面馆　　里程碑
绿茵场　　梨园春　　连裆裤　　连环画

比比看看

L

拉拢　笼络

　　拉拢:着重于耍手段,使人家靠到自己方面来,使自己得利。笼络:指用不正当的方法拉拢人,使对方从思想上、感情上靠拢自己。它们都是贬义词。

滥用　乱用

滥用:指超过限度过多地使用或不必(该)使用而用。如滥用职权。乱用:指该用这个而用那个。如不能乱用成语。

历程　里程

历程:指经历的过程,用在表示过去的句子中。例如:回顾几十年的战斗历程,他感慨万千。里程:指具体的路程,还指发展的过程,用在表示将来的句子中或用在时间明确的句子中,如新的里程、革命的里程。

理念　理想

理念:通常指思想,也指表象或客观事物在人脑中留下的概括的形象。理想:可指对未来事物的想象或希望。

连播　联播

连播:指连续播出(节目)。联播:指同时转播其他电视台或电台的节目。

连续　陆续

连续:多指事物或行动在空间或时间上的距离比较紧密、均衡。陆续:指时间上有间隔,前后的连续不均衡。

辽阔　寥廓

辽阔:多指地域。寥廓:多指天空。

临近　邻近

两者都表示靠近,接近。表示时间接近时,只能用"临近",不能用"邻近"。表示地点接近时,如果表示的是接近的动作,也只能用"临近"。例如:经过三天的紧张跋涉,我们终于临近了目的地。如果表示的是接近的状态,两者可通用,但"临近"侧重表示甲方以乙方为参照,甲方靠近乙方。例如:他住在临近太湖的一所疗养院里。"邻近"表示一般的两地接近,无参照意味。例如:我国东部跟朝鲜接壤,跟日本邻近。

聆听　倾听

聆听:用于下对上。倾听:细心地听,用于上对下。

领会　领悟

领会:对象多是抽象事物,如精神、意图、心情等。领悟:指理解、弄明白,对象多是抽象事物,如含义、道理等。

流传　留传

流传:传下来或传播开(故事、消息等)。留传:遗留下来给后代。

留连　留恋

留连:留恋不让,舍不得离去的情态。留恋:不忍舍弃或离开。

凌驾　驾驭

凌驾:侧重在什么之上,高高在上。驾驭:侧重在统率、掌握。

履行　执行

履行:实践(自己答应做的或应该做的事)。执行:实施,实行(政策、法律、计划、命令、判决中规定的事项)。

成语积累
(★ 表示错误用法)

L

李代桃僵——原指李桃共患难,比喻兄弟相爱相助。后指互相顶替或代人受过。

力透纸背——原指书法遒劲有力,后也用来形容诗文立意深刻,用词精当。

屡试不爽——屡次试验都不错。爽,差错,不能理解为"好""痛快"。★为了这项试验,他们花费了两年的时间,但因受设备条件和技术水平的限制,还是屡试不爽。(不能误为"屡次试验都不好")

冷若冰霜——形容人不热情、不温和。也形容态度严肃,使人不易接近。陈奂生看着冷若冰霜的脸,知道自己说错了话,得罪了人,哪里还敢开口,只得抖着手伸进袋里去摸钞票。

淋漓尽致——淋漓,形容尽情、酣畅。尽致,达到极点。形容文章、说话详尽透彻,或痛快到极点。★1.这篇文章把敌人的反动论点批驳得淋漓尽致。(改"体无完肤"为好)2."崇尚科学文明,反对迷信愚昧"图片展,将伪科学暴露得淋漓尽致,使观众深受教育。

琳琅满目——比喻各种美好的东西很多(多指书籍和工艺品)。货柜上摆满了具有传统特色的珠宝、翡翠、玉雕、字画,品种齐全,真是琳琅满目。

临渊羡鱼——比喻虽有愿望,却无实际行动,仍不能如愿以偿。★一旦新的竞争局面到来，一旦国际出版业大规模进入，人才竞争成本加大，那时临渊羡鱼就为时已晚。

良莠不齐——莠(yǒu)，狗尾草，比喻品质坏的人。指好人坏人都有。★李老师针对班上学生良莠不齐的现状，讲课时注意分层指导，因人而异，同学们都很满意。

洛阳纸贵——晋代左思写成《三都赋》，抄写的人很多，洛阳的纸因此涨价。现在多称誉别人的著作风行一时。★为了治理水流污染，该地区依法取缔了十几家污染严重的造纸厂，一时间，洛阳纸贵，用纸大户纷纷抢购。

鹿死谁手——鹿，原比喻政权，后来也比喻争逐的对象。现在指不知谁取得最后胜利。

乐不思蜀——三国蜀后主刘禅曾说"此间乐，不思蜀"。用以比喻乐而忘返或乐而忘本。有贬义。★中央电视台的"开心一刻"，确实办得妙趣横生，每当我陶醉其中时，就真有点乐不思蜀。

两袖清风——旧时称誉官吏廉洁，意思是说，除两袖清风之外，别无所有。

两小无猜——男女小的时候在一起玩耍，天真烂漫，没有猜疑。★王毅和焦大平是"紫云英"男篮的两个主力队员，他俩既是同乡，又是同学，两小无猜，在场上配合得非常好。

牢不可破——牢固得不可摧毁，不可动摇，形容异常坚固。一般指友谊、团结等不可解开。★"帝国主义和一切反动派都是纸老虎"，这个英明论断是牢不可破的，是放之四海而皆准的。(改"颠扑不破"为好)

老气横秋——形容人摆老资格，自以为了不起；也形容人没有朝气，暮气沉沉。多用于年轻人身上。★想不到这几年祖父变化那么大，满头白发，耳聋眼花，老气横秋，连走路也很困难了。

老生常谈——老书生常讲的话，没有新意思。比喻听惯听厌的话。

炉火纯青——比喻品德修养、学问、技术，或处事手段等达到精纯完美的境地。★1.今天买的天然气质量很好，可以说达到了炉火纯青的程度了。2.曹禺的戏剧情节紧凑集中、结构安排巧妙、矛盾冲突紧张激烈，可以说达到了炉火纯青的程度了。

络绎不绝——络绎，连续不断的样子。形容来往的人或车马连续不断。★在党和政府的关怀下，救灾物资络绎不绝地到达灾区，灾民们终于有了欢声笑语。

古诗欣赏

夏之歌

【原诗】

晓出静慈寺送林子方

宋　杨万里

毕竟西湖六月中，
风光不与四时同。
接天莲叶无穷碧，
映日荷花别样红。

【注释】

晓出：太阳刚刚升起。

净慈寺：全名"净慈报恩光孝禅寺"，与灵隐寺为杭州西湖南北山两大著名佛寺。

林子方：作者的朋友，这首诗就是送这个朋友时写的。

毕竟：到底。

四时：春夏秋冬四个季节。在这里指六月以外的其他时节。

接天：像与天空相接，形容莲叶满湖，辽阔无边。

无穷：无边无际。无穷碧：一片碧绿，望不到边。

别样：宋代俗语，特别，不一样。别样红：异常红艳，红得特别出色。

【诗意】

到底是西湖六月天的景色，风光与其他季节确实不同。

荷叶接天望不尽一片碧绿，阳光下荷花分外艳丽鲜红。

【品悟】

这是送别朋友时写的一首即景小诗。诗人驻足六月的西湖送别友人林子方，全诗通过对西湖美景的极度赞美，曲折地表达对友人深情的眷恋。诗歌成功地描绘了西湖色彩美——红得娇艳,绿得水灵,红与绿相映成趣。诗人还运用突出一点烘托全貌的手法,抓住六月里西湖风光的特色,着重描绘了碧绿接天的莲叶与红艳映日的荷花,给读者以鲜明的印象。

　　诗人开篇即说毕竟六月的西湖,风光不与四时相同,这两句质朴无华的诗句,说明六月西湖与其他季节不同的风光,是足可留恋的。然后,诗人用充满强烈色彩对比的句子,给读者描绘出一幅大红大绿、精彩绝艳的画面:翠绿的莲叶,涌到天边,使人感到置身于无穷的碧绿之中;而娇美的荷花,在骄阳的映照下,更显得格外艳丽。

【关键词】

　　内容上:盛夏西湖美景　红的娇艳　绿的水灵

　　手法上:烘托　对比

经典诵读

三字经(六)

自羲农,至黄帝,号三皇,居上世。

唐有虞,号二帝,相揖逊,称盛世。

夏有禹,商有汤,周文武,称三王。

夏传子,家天下,四百载,迁夏社。

汤伐夏,国号商,六百载,至纣亡。

周武王,始诛纣,八百载,最长久。

周辙东,王纲坠,逞干戈,尚游说。

始春秋,终战国,五霸强,七雄出。

嬴秦氏,始兼并,传二世,楚汉争。

高祖兴,汉业建,至孝平,王莽篡。

光武兴,为东汉,四百年,终于献。

魏蜀吴,争汉鼎,号三国,迄两晋。

宋齐继,梁陈承,为南朝,都金陵。

北元魏,分东西,宇文周,与高齐。

迨至隋,一土宇,不再传,失统绪。

唐高祖,起义师,除隋乱,创国基。

二十传,三百载,梁灭之,国乃改。

梁唐晋,及汉周,称五代,皆有由。

炎宋兴，受周禅。十八传，南北混。

辽与金，帝号纷，迨灭辽，宋犹存。

至元兴，金绪歇，有宋世，一同灭。

并中国，兼戎狄，九十年，国祚废。

明太祖，久亲师，传建文，方四祀。

迁北京，永乐嗣，迨崇祯，煤山逝。

清太祖，膺景命，靖四方，克大定。

至世祖，乃大同，十二世，清祚终。

名言名句

论语名句——哲理篇

●子贡问曰："有一言而可以终身行之者乎？"子曰："其恕乎！己所不欲，勿施于人。"（卫灵公·第十五）

——子贡问孔子问道："有没有一个字可以终身奉行的呢？"孔子回答说："那就是恕吧！自己不愿意的，不要强加给别人。"

●子曰："人之生也直，罔之生也幸而免。"（雍也·第六）

——孔子说："正直是人赖以生存的本性，那些在虚伪、空虚中度日的人也许可以平安一生，但那只是侥幸的免于祸患罢了。"

●子曰："富而可求也，虽执鞭之士，吾亦为之。如不可求，从吾所好。"（述而·第七）

——孔子说："财富如果可以求得的话，即使做拿鞭的马夫我也愿意干。如果财富是求不到的，那还是去追求我向往的道德和智慧吧。"

●子曰："岁寒，然后知松柏之后凋也。"（子罕·第九）

——孔子说："到了一年中天寒地冻、草木凋零的时候，才知道松柏是四季常青不畏严寒的。"

●季康子患盗，问于孔子。孔子对曰："苟子之不欲，虽赏之不窃。"（颜渊·第十二）

——季康子常被盗贼侵扰，请教孔子该怎么办。孔子回答说："假如像阁下这样的贵族们少一些贪欲，百姓能不缺乏钱物，那么即使你奖赏他去偷盗，他也绝不会去偷窃。"

●子曰："人无远虑，必有近忧。"（卫灵公·第十五）

——孔子说:"人若没有深虑远见而目光短浅,一定就会忧患临近他了。"

●子曰:"无欲速,无见小利。欲速则不达,见小利则大事不成。"(子路·第十三)

——孔子说:"不要总贪图用最快的速度去干事,不要只贪顾眼前的小利益。贪图快速,反而不能达到预期的目标;贪恋小利,就不可能完成长远计划的大事业。"

●子曰:"工欲善其事,必先利其器。(卫灵公·第十五)

——孔子说:"一个好的工匠要确保他的产品完美无缺,就必须先使他的工具非常齐全而好用。"

●子曰:"绘事后素。"(八佾·第三)

——孔子说:"绘画完成后才会感到留白的高明和可贵。"

●子曰:"名不正则言不顺,言不顺则事不成,事不成则礼乐不兴,礼乐不兴则刑罚不中,刑罚不中,则民无所措手足。"(子路·第十三)

——孔子说:"名分不正,说起话来就不顺当合理。说话不顺当合理,事情就办不成。事情办不成,礼乐也就不能兴盛。礼乐不能兴盛,刑罚的执行就不会得当。刑罚不得当,百姓就不知怎么办好。"

●子曰:"唯上知与下愚不移。"(阳货·第十七)

——孔子说:"只有上等的智者与下等的愚者是不会受环境的影响而改变初衷的。"

●子曰:"谁能出不由户,何莫由斯道也?"(雍也·第六)

——孔子说:"谁能进出房屋而不经过屋门呢?要循着一定的道理去办事,为什么没有人走(我所指出的)这条道路呢?"

●子曰:"人能弘道,非道弘人。"(卫灵公·第十五)

——孔子说:"人能够弘扬道德,却不能够装出有道德的样子来沽名钓誉。"

●夫子怃然曰:"鸟兽不可与同群。"(微子·第十八)

——孔子很失望地说:"人是不能与飞禽走兽合群共处的。"

十四

● 蜂采百花酿甜蜜,人读群书明真理。
● 劳动是知识的源泉,知识是生活的指南。

M

抹桌子 mā	阴霾 mái	埋怨 mán
耄耋 mào dié	联袂 mèi	闷热 mēn
扪心 mén	愤懑 mèn	蒙头转向 mēng
蒙头盖脸 méng	靡费 mí	萎靡不振 mǐ
静谧 mì	分娩 miǎn	酩酊 mǐng dǐng
荒谬 miù	脉脉 mò	抹墙 mò
蓦然回首 mò	牟取 móu	唾沫 mò
消弭 mǐ	分泌 mì	腼腆 miǎn
藐视 miǎo	泯灭 mǐn	按摩 mó
秣马厉兵 mò	模范 mó	模样 mú

M

莫衷一是	毛骨悚然	漫山遍野	美不胜收
面面俱到	墨守成规	民生凋敝	明辨是非
明知故犯	脉络分明	脉搏微弱	漠不关心
煤气泄漏	骂骂咧咧	满脸皱纹	马马虎虎
麻木不仁	冒天下之大不韪		貌合神离
麻痹大意	马到成功	名闻遐迩	秣马厉兵
目不暇接	目光如豆	忙忙碌碌	朦朦胧胧
埋头苦干	买空卖空	卖身投靠	蛮横无理
瞒天过海	满载而归	满面春风	满不在乎

满腔热忱	漫无边际	漫不经心	慢条斯理
忙里偷闲	芒刺在背	茫无边际	茫无头绪
盲人摸象	盲人相马	毛遂自荐	毛手毛脚
茅塞顿开	没精打采	眉飞色舞	眉开眼笑
闷声闷气	门当户对	闷闷不乐	蒙昧无知
蒙头转向	梦寐以求	迷途知返	弥留之际
弥天大谎	米珠薪桂	密密麻麻	秘而不宣
绵里藏针	勉为其难	面面相觑	面黄肌瘦
面红耳赤	面目全非	苗而不秀	渺无人迹
渺若烟云	妙笔生花	莫名其妙	灭绝人性
明镜高悬	明目张胆	民不聊生	民脂民膏
鸣锣开道	鸣金收兵	名不虚传	名副其实
名列前茅	磨穿铁砚	摩拳擦掌	摩肩接踵
模棱两可	莫逆之交	名噪一时	名正言顺
没齿不忘	幕地席天	慕名而来	木牛流马
木已成舟	木刻水印	木雕泥塑	
猫头鹰	毛边纸	麦当劳	矛盾论
煤焦油	美人蕉	猛不防	猕猴桃
棉花糖	弥勒佛	迷魂汤	秒差距

比比看看

M

麻痹　麻木

麻痹:失去警惕性。麻木:指发麻的感觉。

埋没　湮没

埋没:指挖开土安设并埋好。湮没:埋没,书面语。

蔓延　漫延

蔓延:形容像蔓草一样不断向周围扩展,并不有断增长的势头。例如:蚕食的现象在进一步蔓延。漫延:指不受约束地发展。

弥补　填补

弥补:常与缺陷、损失和弱点搭配。填补:常与亏空、空白和缺额搭配。

勉励　勉力

勉励:鼓励、鼓舞的意思,动词,劝人努力。勉力:尽力、努力的意思,副词,指自己努力去做。

名气　名声　名望

名气:褒义词,多用于口头语。名声:中性词,口头语和书面语都用。名望:褒义词,书面语。

明显　显著

明显:清楚地显露出来,容易让人看出或感觉到。显著:非常明显。

陌生　生疏

陌生:对象多是指没有见过的人或物。生疏:指的可能是见过的,但长期不接触了,如业务生疏。

牟取　谋取

牟取:指获取名利,贬义词。谋取:指设法取得,一般用于褒义。

成语积累
(★ 表示错误用法)

M

毛遂自荐——比喻自己举荐自己担任某种职务，或承担某一任务。奶奶在城里待了许多年,很少出门,从不逛街。有一次乡下的亲戚来了,她竟然毛遂自荐,要带他们上街去玩。

每况愈下——形容情况越来越坏。★虽然交通事故的发生率已经每况愈下,但我们仍不能有丝毫大意。(句子中用作了事故发生率越来越低,交通情况越来越好,恰好相反。)

名噪一时——说名声在一个时候广为传颂。常误用为贬义词。★早在30年代,他就因创作长篇小说《梦之音》而名噪一时,成为京派作家的后起之秀。

美轮美奂——形容高大华美,而且一般多用于赞美新屋。轮,高大。奂,众多。一般错用为形容美好事物。★博物馆里保存着大量有艺术价值的石刻作品,上面的各种花鸟虫兽、人物形象栩栩如生,美轮美奂。(犯了使用对象错误的毛病)

摩肩接踵——形容人多拥挤。★周末，我和同桌一起去攀岩，
虽然崖壁陡峭，我们仍然摩肩接踵，奋力攀登。

马首是瞻——古代作战时士兵看着主将的马头决定进退，比
喻跟随别人行动或听从别人指挥。常用句式是
"唯……马首是瞻"。欧洲一些国家从自身利益考
虑，在许多重大国际问题上不再唯美国马首是
瞻。

明日黄花——黄花，菊花。过了重阳的菊花。意思是即将枯萎，
没有什么可玩赏了。比喻过时的事物。不能误写
成"昨日黄花"。 ★1.李伯伯拍着孩子们的肩头，
语重心长地说："你们是明日黄花，是祖国的未来
和希望，一定要珍惜时间，努力读书啊！"★2.这
个人做事不肯踏踏实实，老希望一些如明日黄花
的事发生。★3.国家体操队的几位小将在世界锦
标赛上表现出色，被誉为中国体操的明日黄花。

明修栈道,暗度陈仓——从正面迷惑敌人，用来掩盖自己的攻
击路线，而从侧翼进行突然袭击。这
是声东击西、出奇制胜的谋略。引申
开来，是指用明显的行动迷惑对方、
使人不备的策略，也比喻暗中进行活
动。有时也可将"明修栈道"省略掉，
把"暗度陈仓"单独来使用。★在国企
改革中，某些人"明修栈道，暗度陈
仓"，打着企业改制的幌子，侵吞国有
资产。

莫逆之交——莫逆，没有抵触，形容思想感情一致。交，交情，
友谊。指彼此情投意合，友谊深厚。★有人说他们
两个是莫逆之交，其实他们的感情一向就很好。

目不暇接——东西太多，眼睛看不过来。故宫博物院的珍宝馆
里，陈列着各种奇珍异宝、古玩文物，令人目不暇
接。

目无全牛——语出《庄子》，形容技艺达到十分纯熟的地步。不
能理解成"看问题片面、狭隘"。★1.他做起事来，
总是顾此失彼，目无全牛，缺乏通盘考虑，所以总

免不了出错。★2.沙尘暴的形成，与人们对森林的滥砍滥伐有关。因此那种目无全牛，忽视整体利益、只顾眼前的行为是要不得的。

勉为其难——勉强去做能力所不及的事情。★你们知道他能力水平都不够，却把这么繁重的任务交给他，这不是勉为其难吗？(用"强人所难"为好)

名不虚传——流传开来的名声与实际相符。★每一名中学生都应遵守中学的一切规章制度，学好中学的全部课程，做一个名不虚传的中学生。(用"名副其实"为好)

买椟还珠——椟(dú)，木盒。买下装珍珠的匣子却把匣中的珍珠退还卖者。比喻没有眼力，取舍不当。★这位公司的首席代表以买椟还珠的气魄，大胆地与外商签订了联合开发海外市场的新协议。

美不胜收——胜，尽。收，接受。美好的东西太多，看不过来。玉器厂展品室里陈列着鸟兽、花卉、人物等各种玉雕展品，神态各异，栩栩如生，真是美不胜收。

面目全非——事物的样子改变得很厉害。多含贬义。★我离家足有20年了，这次回去看到村里的柏油路笔直，二三层小楼鳞次栉比，与过去比已经面目全非，大有天壤之别。

莫衷一是——衷，折中。各有各的看法或主张，不能得出一致的结论。一般用于议论者。使用时主语不能是某一个人。★1.对于什么时候去珠海广场参加公益劳动，班长、团支书、劳动委员说法不一，令全班莫衷一是。(改"无所适从"为好)★2.对这个问题，你说应这样，他说应那样，我真是莫衷一是。

木人石心——木人，指其人像木一样正直。石心，指其信念像金石一样坚牢。比喻人的意志坚定，不为外物所动心，不为情感、欲念所动摇。不能理解为"如木人一样呆板、愚蠢、死板"。

漫不经心——随随便便，不放在心上。★这些人只顾追求个人利益，成天为自己的事奔忙，对群众的疾苦漫不经心。(改"漠不关心"为好)

古诗欣赏

秋之意

【原诗】

秋 歌

《子夜四时歌》

秋风入窗里,罗帐起飘飏。

仰头看明月,寄情千里光。

【注释】

飏:扬的异体字。

"寄情"句:意即托月光将自己的思念之情传递给远方的征人。

【品悟】

这是选自《子夜四时歌》"秋歌"中的一篇,是一首思妇怀远之歌,背景是月明的秋夜。前两句写秋风,渲染气氛;后两句借明月直抒思情,意境高远。全诗四句,虽没有一句写女子的眼泪、叹息,但由于把女主人公的感情与秋风、明月等自然景物紧紧地交织在一起,创造出一种悲凉的气氛,所以仍具有强烈的感染力。

全篇只写了秋风、罗帐和明月三种物象,就组成了一个情调优美、意境悠远的艺术境界。

【关键词】

内容上:明月秋夜 萧瑟凄清 思妇怀远

手法上:对仗 烘托 想象

经典诵读

三字经(七)

读史者,考实录,通古今,若亲目。

口而诵,心而惟,朝于斯,夕于斯。

昔仲尼,师项橐,古圣贤,尚勤学。

赵中令,读鲁论,彼既仕,学且勤。

披蒲编,削竹简,彼无书,且知勉。

头悬梁,锥刺股,彼不教,自勤苦。

如囊萤,如映雪,家虽贫,学不辍。

如负薪,如挂角,身虽劳,犹苦卓。

苏老泉,二十七,始发愤,读书籍。

彼既老,犹悔迟,尔小生,宜早思。

若梁灏,八十二,对大廷,魁多士。

彼既成,众称异,尔小生,宜立志。

莹八岁,能咏诗,泌七岁,能赋棋。

彼颖悟,人称奇,尔幼学,当效之。

蔡文姬,能辨琴,谢道韫,能咏吟。

彼女子,且聪敏,尔男子,当自警。

唐刘晏,方七岁,举神童,作正字。

彼虽幼,身已仕,尔幼学,勉而致。

有为者,亦若是。

名言名句

论语名句——审美篇

●子曰:"诗三百,一言以蔽之,曰:'思无邪。'"(为政·第二)

——孔子说:"《诗经》三百篇,用一句话来概括它,就是每一首诗所表达的思想感情都是健康和纯朴自然的。"

●子曰:"《关雎》,乐而不淫,哀而不伤。"(八佾·第三)

——孔子说:"《关雎》这篇诗,合乎人性的快乐追求而不放荡,体现人的感情合乎中道,忧愁而不哀伤,伤感而不悲观。"

●子谓伯鱼曰:"女为《周南》、《召南》矣乎?人而不为《周南》、《召南》,其犹正墙面而立也与?"(阳货·第十七)

——孔子对伯鱼说:"你学习《周南》、《召南》了吗?一个人如果不学习《周南》、《召南》里讲的道理和境界,那就像面对墙壁而站着一样,既看不到前面,也看不到后面。"

●子曰:"君子居之,何陋之有?"(子罕·第九)

——孔子说:"只要是有德有才的君子居住的地方,即使很偏僻、很简陋,你只能感到高尚和自然,哪里还能感到简陋呢?"

●诗,可以兴,可以观,可以群,可以怨。(阳货·第十七)

——学《诗》可以激发志气,可以提高观察力,可以使人合群,可以抒发苦闷。

●子曰："乐其可知也:始作,翕如也;从之,纯如也,皦如也,绎如也,以成。"(八佾·第三)

——孔子说:"音乐的道理是可以知道的:一首乐曲开始的时候,各种乐器合奏,声音和顺得像天籁一样;继续下去,纯纯而和谐,悠扬悦耳;进入高潮激昂庄严,音节分明;最后的结尾余音袅袅,意犹未绝。这样就是一首成功的乐曲。"

●子谓韶:"尽美矣,又尽善也。"谓武:"尽美矣,未尽美也。"(八佾·第三)

——孔子讲到"韶"这一乐舞时说:"艺术形式美极了,内容也很好。"谈到"武"这一乐舞时说:"艺术形式很美,但内容却差一些。"

●子在齐闻《韶》,三月不知肉味,曰:"不图为乐之至于斯也。"(述而·第七)

——孔子在齐国听到了《韶》乐,有很长时间尝不出肉的滋味,他慨叹说:"想不到《韶》乐达到了这样高妙的境界。"

●子曰："先进于礼乐,野人也;后进于礼乐,君子也。如用之,则吾从先进。"(先进·第十一)

——孔子说:"先学习礼乐而后再做官的人,是(原来没有爵禄的)平民;先当了官然后再学习礼乐的人,是君子。如果要先用人才,那我主张选用先学习礼乐的人。"

●子曰："礼云礼云, 玉帛云乎哉? 乐云乐云,钟鼓云乎哉?"(阳货·第十七)

——孔子说:"所谓的礼, 难道只是互相送点玉帛之类的礼物吗? 所谓的乐,也只是演奏钟鼓之类的乐器吗?"(礼是道德修养和文化的表现,乐是把人的精神升华到乐观的境界。)

十五

- 知识是智慧的火炬。
- 宝剑不磨要生锈,人不学习要落后。

N

羞赧 nǎn	呶呶不休 náo	泥淖 nào
口讷 nè	气馁 něi	拟人 nǐ
隐匿 nì	拘泥 nì	宁死不屈 nìng
拈轻怕重 niān	亲昵 nì	泥泞 nìng
忸怩 niǔ ní	执拗 niù	驽马 nú
虐待 nüè	按捺 nà	阻挠 náo
娇嫩 nèn	酝酿 niàng	袅娜 niǎo nuó
宁可 nìng	嗫嚅 niè rú	玩弄 nòng

N

弄巧成拙	弄假成真	弄虚作假	奴颜婢膝
奴颜媚骨	怒发冲冠	怒火中烧	怒不可遏
拿手好戏	耐人寻味	南腔北调	奴性十足
南柯一梦	难言之隐	囊中取物	囊中羞涩
囊空如洗	恼羞成怒	内外交困	内忧外患
泥牛入海	泥沙俱下	能说会道	能言善辩
你追我赶	泥古不化	逆来顺受	逆水行舟
匿影藏形	年轻力壮	年深日久	鸟语花香
鸟尽弓藏	宁缺毋滥	宁死不屈	宁为玉碎
牛鬼蛇神	牛头马面	浓妆艳抹	女娲补天
闹哄哄	暖洋洋	挠痒痒	怒冲冲

华达呢　　尼古丁　　指南针　　闹笑话

比比看看

N

内涵　内含

内涵:一个概念所反映的事物的本质属性的总和,即概念的内容。内含:指里面包含有。

年轻　年青

年轻:所表达的意义范围是相对的,用于两个人的年龄比较,在比较中,可以说60岁的人比70岁的人年轻。年青:指年龄相当于青年人这个阶段,并只能用于青年。从语法角度看,年青一般作定语,而年轻可作定语,也可作谓语。

年龄　年纪

年龄:指生存的年数,运用范围比年纪大,常用于人,也可用于动、植物。年纪:一般只用于人。

捏造　伪造　假造

捏造:无中生有,对象常是不存在的事实、事情、证据等。伪造:着重指暗中模仿真的,造出假的。假造:着重指无中生有,捏造或模仿真的。

凝结　凝聚

凝结:物质由分散成为整体。凝聚:气体转化为液体。

凝视　注视

凝视:多指较长时间精神集中地看着,包括人或物。注视:运用范围比凝视广,多指注意力集中地看着具体人或物的某一点,它还可用在抽象事物上。

宁可　宁肯

宁可:只单说选取的一面,后常加"的好""为好"。宁肯:表示取舍,所选择的做法主要取决于人的意愿。

成语积累

(★表示错误用法)

N

难兄难弟——难,读nán。指兄弟才德都好,难以分出高下。

难兄难弟——难,读nàn。指彼此曾共患难,或处于同样困境的人。

难言之隐——隐，隐情，藏在内心深处的事。指难以说出的事
物或原因。

能说会道——指善于言辞,很会说话。

逆水行舟——比喻不前进就要后退。没有前进缓慢的意思。
★我学数学进步较快,而学语文却如逆水行舟,
进步缓慢。

泥沙俱下——比喻好坏不等的人或事物混杂在一起。

脑满肠肥——形容不劳而食的人吃得很饱,养得很胖。★金风
阵阵,菊香遍野,阳澄湖的螃蟹个儿大,只只都是
脑满肠肥,吃起来味道好极了。

弄巧成拙——本想要弄技巧,结果反坏了事。★许多家长望子
成龙的心情过于急切,往往不切实际地对孩子提
出过高的要求,其结果常常是弄巧成拙。(对孩子
提过高要求不是要弄技巧)

古诗欣赏

秋之意

【原诗】

秋　词

刘禹锡

自古逢秋悲寂寥,
我言秋日胜春朝。
晴空一鹤排云上,
便引诗情到碧霄。

【注释】

自古:从古以来,泛指从前。

逢:遇到。

寂寥:空旷无声,萧条空寂,这里指景象凄凉。

悲寂寥:悲叹萧条空寂。

春朝(zhāo):春初。朝,有早晨的意思,这里指的是刚开始。

排云:推开白云。排,推开,有冲破的意思。

碧霄:青天。

【诗意】

自古以来,人们每逢秋天就都悲叹寂寞凄凉,我却说秋天
要胜过春天。秋天晴朗的天空中一只白鹤冲破云层, 一飞冲

天,我的诗兴也随它到了碧蓝的天空。

【品悟】

我国古代文学中,常将"秋"与"愁"等同起来。这首写秋的诗却爽朗明快,表现了诗人积极乐观的心境。"诗言志","诗情"即志气。人果真有志气,便有奋斗精神,便不会感到寂寥,这就是这首诗的主题思想。

秋高气爽,江天辽阔,一只白鹤凌云御风,翱翔在万里晴空。这景象多么雄浑壮美,这格调是何等激越昂扬!它和一些面对秋声就觉得好景不长、人生短暂的封建文人的悲秋作品相比,显然高出一筹。

【关键词】

内容上:秋 爽朗明快 积极乐观

手法上:对比

经典诵读

三字经(八)

犬守夜,鸡司晨,苟不学,曷为人?

蚕吐丝,蜂酿蜜,人不学,不如物。

幼而学,壮而行,上致君,下泽民。

扬名声,显父母,光于前,裕于后。

人遗子,金满赢,我教子,惟一经。

勤有功,戏无益,戒之哉,宜勉力。

名言名句

论语名句——为政篇(上)

●子曰:"为政以德,譬如北辰,居其所而众星共之。"(为政·第二)

——孔子说:"从事政治来治理国家,最重要的是以道德为宗旨,打个比方就像北极星,自己有了中心位置,其他群星才会环绕着它运转而不会紊乱。"

●子曰:"《书》云:'孝乎惟孝,友于兄弟。'施于有政,是亦为政,奚其为为政?"(为政·第二)

——孔子说:"《尚书》上说,'孝难道仅仅就是孝敬父母吗?'对兄弟、对其他人都能用孝道的精神去友爱,这才是孝悌之道。将这样的道理用在政治上,那么我们日常所做的就是政事了,何必为了从政而专门去从政呢?"

●孔子曰:"君使臣以礼,臣事君以忠。"(八佾·第三)

——孔子说:"君主能以合理合法的态度去对待臣子,臣子才能以忠心去侍奉君主。"

●子曰:"居上不宽,为礼不敬,临丧不哀,吾何以观之哉?"(八佾·第三)

——孔子说:"居于领导的地位而不能宽厚待人,行礼的时候不严肃,参加丧礼时也不悲哀,这种人我用什么去评价他呢?"

●子谓子产有君子之道四焉:"其行己也恭,其事上也敬,其养民也惠,其使民也义。"(公冶长·第五)

——孔子称赞子产,他有君子的四种道德:"对自己严格要求,对君主恭敬尽礼,养护百姓有恩惠,役使百姓有法度。"

●子曰:"民可使由之,不可使知之。"(泰伯·第八)

——孔子说:"有时候对于老百姓,只能下令让他们去服从,而不能让他们知道为什么要这样做。"

●子曰:"好勇疾贫,乱也。人而不仁,疾之已甚,乱也。"(泰伯·第八)

——孔子说:"喜好勇敢而又恨自己太穷困,就会犯上作乱。对于不仁德的人或事逼迫得太厉害,也会出乱子。"

●百姓足,君孰与不足?百姓不足,君孰与足?(颜渊·第十二)

——如果百姓的用度够,您怎么会不够呢?如果百姓的用度不够,您怎么又会够呢?

●齐景公问政于孔子。孔子对曰:"君君、臣臣、父父、子子。"(颜渊·第十二)

——齐景公问孔子如何治理国家。孔子回答说:"要是每个人在自己的角色上都能尽心尽力,做君主的就要尽君主的本分,做臣子的就要尽臣子的本分,做父母的就要尽父母的本分,做儿子的就要尽儿子的本分。"

●子曰:"听讼,吾犹人也。必也使无讼乎!"(颜渊·第十二)

——孔子说:"审理诉讼案件,我设身处地站在诉讼双方的立场上,最终是不再发生诉讼。"

●子张问政。子曰:"居之无倦,行之以忠。"(颜渊·第十二)

——子张问如何治理政事。孔子说:"对自己的职业要敬业,不能有丝毫的倦怠;履行职责要尽心尽力,要有忘我的精神。"

●子路问政。子曰:"先之劳之。"请益。曰:"无倦。"(子路·第十三)

——子路问怎样管理政事。孔子说:"要有先天下之忧而忧,后天下之乐而乐的高尚情操,还要有不辞劳苦的牺牲精神"。子路请求多讲一点。孔子说:"不要懈怠。"

●仲弓为季氏宰,问政。子曰:"先有司,赦小过,举贤才。"(子路·第十三)

——仲弓做了季氏的家臣,问怎样管理政事。孔子说:"先要建立各种制度,分清职责,其次能原谅属下的小过错,再就是能选拔有才能的人来任职。"

●子曰:"善人为邦百年,亦可以胜残去杀矣。诚哉是言也!"(子路·第十三)

——孔子说:"在仁德之人的治理下,国家存在一百年之久,人民之间就可以消除残暴,就可以废除刑罚杀戮了。这话真对呀!"

十六

晓风晨语

● 茂盛的禾苗需要水分,成长的少年需要学习。
● 星星使天空绚烂夺目,知识使人增长才干。

常见多音字

ō

偶然 ǒu　　讴歌 ōu　　呕心沥血 ǒu

常见词语

ō

呕心沥血　　偶一为之

比比看看

ō

讴歌　歌颂
讴歌:指歌颂、赞美。歌颂:指颂扬功德。
偶然　偶尔
偶然:着眼于意外,出乎意料,跟“必然”相对。偶尔:着眼于次数少,间或,有时候跟“经常”相对。

成语积累

ō

藕断丝连——比喻没有彻底断绝关系。

古诗欣赏
秋之意

【原诗】

秋 夕

唐 杜牧

银烛秋光冷画屏，
轻罗小扇扑流萤。
天阶夜色凉如水，
坐看牵牛织女星。

【品悟】

秋夕:农历七月七日晚上,又称"七夕"。
画屏:上面装饰着图画的屏风。
银烛:银色而精美的蜡烛。
轻罗小扇:轻巧的丝质团扇。
天阶:天庭上宫殿的台阶。
坐看:坐着朝天看。

【诗意】

秋夜,精美的银色蜡烛发出微弱的光,给画屏上添了几分清冷之色；一位宫女手执绫罗小扇, 轻轻地扑打飞舞的萤火虫。天阶上的夜色,清凉如水;坐榻仰望星空,只见牵牛星正远远地眺望织女星。

【品悟】

这是一首宫怨诗。首句写秋景,用一"冷"字,暗示寒秋气氛,又衬出主人公内心的孤凄。二句写借扑萤以打发时光,排遣愁绪。三句写夜深仍不能眠,以待临幸,以天街如水,暗喻君情如冰。末句借羡慕牵牛织女,抒发心中悲苦。

诗中的宫女望着一年一度相会的牛郎织女, 自然不无同情之心,但更多的却是羡慕。因为一年一次的短暂相见,对牛女已是凄苦不堪了, 而对这位宫女来说,却是可望而不可即的。伴随着她美好青春的, 只是寂寞的宫院,"一朝春尽红颜老",她就要被抛弃。可是这宫女的忧思怨绪,诗中不着一字,而是通过清冷的画面,通过诗人的"轻描淡写"表现出来的。于含蓄的景物描写之中见"精神",是这首小诗的一大特色。

【关键词】

内容上：秋天 失意宫女孤独的生活和凄凉的心境

手法上：写景逼真 比喻不仅有色感,而且有温度感

朱子治家格言

黎明即起,洒扫庭除,要内外整洁;

既昏便息,关锁门户,必亲自检点。

一粥一饭,当思来处不易;

半丝半缕,恒念物力维艰。

宜未雨而绸缪,毋临渴而掘井。

自奉必须俭约,宴客切勿留连。

器具质而洁,瓦缶胜金玉;

饮食约而精,园蔬愈珍馐。

勿营华屋,勿谋良田。

三姑六婆,实淫盗之媒;

婢美妾娇,非闺房之福。

童仆勿用俊美,妻妾切忌艳妆。

祖宗虽远,祭祀不可不诚;

子孙虽愚,经书不可不读。

居身务期简朴,教子要有义方。

勿贪意外之财,勿饮过量之酒。

与肩挑贸易,勿占便宜;

见穷苦亲邻,须加温恤。

刻薄成家,理无久享;

伦常乖舛,立见消亡。

兄弟叔侄,需分多润寡;

长幼内外,宜法肃辞严。

听妇言,乖骨肉,岂是丈夫;

重资才,薄父母,不成人子。

嫁女择佳婿,无索重聘;

娶媳求淑女,勿计厚奁。

见富贵而生谄容者,最可耻;

遇贫穷而作骄态者,贱莫甚。

居家戒争讼,讼则终凶;

处世戒多言,言多必失。

勿恃势力而凌逼孤寡;

勿贪口腹而恣杀生禽。

乖僻自是,悔误必多;

颓惰自甘,家道难成。

狎暱恶少,久必受其累;

屈志老成,急则可相依。

轻听发言,安知非人之谮诉,当忍耐三思;

因事相争,焉知非我之不是?须平心暗想。

施惠无念,受恩莫忘。

凡事当留余地,得意不宜再往。

人有喜庆,不可生嫉妒心;

人有祸患,不可生喜幸心。

善欲人见,不是真善;

恶恐人知,便是大恶。

见色而起淫心,报在妻女;

匿怨而用暗箭,祸延子孙。

家门和顺,虽饔飧不继,亦有余欢;

国课早完,即囊橐无余,自得至乐。

读书志在圣贤,非徒科第;

为官心存君国,岂计身家。

守分安命,顺时听天。

为人若此,庶乎近焉。

名言名句

论语名句——为政篇(中)

●子曰:"苟有用我者,期月而已可也,三年有成。"(子路·第十三)

——孔子说:"如果有人用我的思想去治理国家,一年便可以初见成效,三年就一定会使国家走向富强文明。"

●子曰:"以不教民战,是谓弃之。"(子路·第十三)

——孔子说:"如果不先对老百姓进行国防教育和作战训练就让他们出战,这就等于抛弃了他们。"

●子曰:"恭而无礼则劳,慎而无礼则葸,勇而无礼则乱,直而无礼则绞。君子笃于亲,则民兴于仁,故旧不遗,则民不偷。"(泰伯·第八)

——孔子说:"只是表面的恭敬而不以礼来指导,就会徒劳无功;只是谨慎而不以礼来指导,就会懦弱和缺乏远见;只是勇猛而不以礼来指导,就会扰乱秩序;只是直率而不以礼来指导,就会有矛盾冲突。在上位的人如果信守道德与仁义,那么老百姓当中就会兴起仁的风气;在上位的人如果不遗弃老朋友,那么老百姓就不会做损害国家的事情。"

●子曰:"知及之,仁不能守之;虽得之,必失之;知及之,仁能守之,不庄以莅之,则民不敬。知及之,仁能守之,庄以莅之,动之不以礼,未善也。"(卫灵公·第十五)

——孔子说:"凭借聪明才智来得到职位,如果不用仁德保持它,即使得到了,也一定会丧失。凭借聪明才智来得到职位,仁德可以保持它,但如果不用严肃态度去对待它,那么百姓就不会尊重支持;凭借聪明才智足来得到职位,既能用仁德保持它,又能用严肃态度来对待它,但如果不能用合乎道德的礼节法度来指导行动,那也不能算是最完善的。"

●子曰:"苟正其身矣,于从政乎何有?不能正其身,如正人何?"(子路·第十三)

——孔子说:"如果端正了自身的品行,那么从事国家政事还有什么困难呢?如果不能端正自身的品行,又如何去端正别人而治理天下呢?"

●子贡问曰:"何如斯可谓之士矣?"子曰:"行己有耻,使于四方,不辱君命,可谓士矣。"曰:"敢问其次。"曰:"宗族称孝焉,乡党称弟焉。"曰:"敢问其次。"曰:"言必信,行必果,硁硁然小人哉!抑亦可以为次矣。"(子路·第十三)

——子贡问道:"怎样才可以叫做士?"孔子说:"自己在做事时有知耻之心,出使外国各方,能够完成君主交付的使命,可以叫做士。"子贡说:"请问次一等的呢?"孔子说:"宗族中的人称赞他孝顺父母,乡里的人称他尊敬兄长。"子贡又问:"请问再次一等的呢?"孔子说:"说话一定讲信用,做事一定坚持到底,有结果。但是不问是非,固执己见,德才疏浅,不足以干大事业的小人,也可以说是再次一等的士了。"

●子曰："不在其位，不谋其政。(泰伯·第八)

——孔子说："不在那个职位上，就不考虑那职位上的事。"

●子曰："政者正也。子帅以正，孰敢不正？"(颜渊·第十二)

——孔子说："政就是正的意思。您本人带头走正路，那么还有谁敢不走正道呢？"

●子曰："子为政，焉用杀？子欲善而民善矣。君子之德风，人小之德草，草上之风，必偃。"(颜渊·第十二)

——孔子说："您治理政事，为什么要用杀戮手段止息罪恶呢？您想使社会风气好起来，百姓也就跟着好起来。一个领导的品德好比天上的风，在下的人的品德好比地上的草，风从草上吹过，风向哪边吹，草就会向那边倒。"

●子曰："近者悦，远者来。"(子路·第十三)

——孔子说："真正成功的领导者要做到：使跟随他的人拥护爱戴他，使远处的人来投奔他，为他效力。"

十七

● 造烛求明,读书求理。
● 粮食补身体,书籍丰富智慧。

P

扒手 pá	迫击炮 pǎi	心宽体胖 pán
蹒跚 pán	滂沱 pāng tuó	彷徨 páng
炮制 páo	咆哮 páo xiào	炮烙 páo luò
胚胎 pēi	香喷喷 pēn	抨击 pēng
澎湃 péng pài	纰漏 pī	毗邻 pí
癖好 pǐ	否极泰来 pǐ	媲美 pì
扁舟 piān	大腹便便 pián	剽窃 piāo
饿殍 piǎo	乒乓 pīng pāng	湖泊 pō
居心叵测 pǒ	糟粕 pò	解剖 pōu
前仆后继 pū	奴仆 pú	风尘仆仆 pú
玉璞 pú	匍匐 pú fú	瀑布 pù
一曝十寒 pù	奇葩 pā	河畔 pàn
庖厨 páo	砒霜 pī	偏僻 pì
骈文 pián	缥缈 piāo	剽悍 piāo
阳鄱 pó	翩跹 piān	娉婷 pīng
暴虎冯河 píng	聘请 pìn	

P

破釜沉舟	庞然大物	拼拼凑凑	披沙拣金
披星戴月	披荆斩棘	披肝沥胆	劈头盖脸
纰漏百出	蓬荜生辉	噼噼啪啪	劈山引水

拍案叫绝	拍手称快	排山倒海	排除万难
攀龙附凤	盘根错节	盘根究底	判若两人
旁敲侧击	旁若无人	旁门左道	抛头露面
抛砖引玉	刨根问底	炮火连天	朋比为奸
蓬头垢面	迫不得已	皮开肉绽	判若鸿沟
判若云泥	皮笑肉不笑	疲惫不堪	疲于奔命
匹夫有责	屁滚尿流	偏听偏信	片甲不留
片言只语	贫病交加	贫贱不移	瓶沉簪折
平易近人	平起平坐	平步青云	评头品足
萍水相逢	破门而入	破除迷信	赔了夫人又折兵
迫不及待	迫在眉睫	剖腹藏珠	铺天盖地
铺张浪费	蒲柳之姿	普天同庆	普度众生
旁切圆	胖大海	胖乎乎	跑旱船
配电盘	碰钉子	屁股蹲	飘飘然

比比看看

P

徘徊　徜徉

徘徊:比喻事物在某个范围内来回浮动、起伏。徜徉:指安闲自在地步行。

派生　衍生

派生:从一个主要事物的发展中分化出来。衍生:演变发生或产生。

盘算　计算　打算

盘算:一般用于事情发生前。计算:可用于事情发生后,也可用于事情发生前,含有预先计划的意思。打算:多指对行动的方法或将要办的事加以考虑。

盘问　盘查

盘问:指仔细、全面查问,在盘问者心目中,对象是"某坏事的嫌疑人"。盘查:指反复、仔细询问、检查,在盘查者心目中,对象是"可疑人或物"。

培育　培植

培育:培养幼小的生物,使它发育成长,多用于生物,特别是幼小的生物,有时用于对儿童、青少年。培植:栽种并细心管理(植物),培养人才,扶植(势力)使壮大。

批判　针砭

批判:对错误的或反动的思想进行分析、批驳。针砭:是古时用石针扎皮肉治病,现比喻发现错误或指出错误以求改正。

披露　透露

披露:发表、公布、表露之意。透露:泄露或显露(消息、意思)等。

品味　品位

品味:是动词,品尝、欣赏的意思。品位:是名词,指矿石中有用元素或它的化合物含量的百分数,含量的百分数越大,品位越高;现引申为对艺术品等或人的行为的评价。

成语积累

(★ 表示错误用法)

P

否极泰来——否(pǐ),坏运气。泰,好运气。恶运到头了,好运就来了。形容事物发展到极限,就会向对立面转化。

朋比为奸——朋比,互相依附,互相勾结。坏人勾结在一起干坏事。

拍手称快——拍着手喊痛快,多指仇恨得到消除。多用于表示正义得到伸张时或事情的结局称人的心意。

　　★1.原来很脏的这个公厕,经环卫工人彻底清扫,现在干干净净了,居民们拍手称快。★2.文艺演出现场,身着盛装的表演者光着脚、微笑着,一边跳着傣族舞,一边向人们泼水致意,在场群众纷纷拍手称快。

抛砖引玉——比喻用粗浅的、不成熟的意见引出别人高明的、成熟的意见。自谦之辞,不能用于对方或第三方。

　　★1.小王同学站起来说道:"陈教授刚才那番话是抛砖引玉,我下面将要讲的只能算是狗尾续貂。"★2.朱校长对李主任的现身说法很满意,认为他的话的确是抛砖引玉之言。

平铺直叙——说话或写文章时不加修饰,只是平直地把意思叙述出来。也指文章或说话没有起伏,重点不突出。

评头品足——原来指无聊的人评论妇女的容貌。现在泛指对人对事说长道短，挑剔毛病。亦作"品头论足"。★文艺晚会结束后，评委们经过一番评头品足，反复比较，终于确定了获奖名单。

匹夫之勇——指不用智谋，只凭个人刚烈的勇气。★一位普通市民——一位年逾六旬的老者，没有强健的体魄，却凭匹夫之勇，在一年内就抓获了几十个小偷。

萍水相逢——像水里浮萍随水漂泊，聚散无定。比喻不相识的人偶然相遇。★1.他俩五十年前是好朋友，没想到半个世纪之后在他乡萍水相逢，于是就聊了起来。★2.我们俩分别将近十年，想不到在这里萍水相逢。(例句所谈的是久别重逢，并不是彼此素不相识，不应当使用萍水相逢来形容，可以改为不期而遇。)

披肝沥胆——披，披露，揭开。沥(lì)，往下滴。剖开肺腑，露出肝胆。比喻竭尽忠诚，开诚相见。★1.为了写好这部小说，他废寝忘食，披肝沥胆，反复修改，几易其稿。★2.目前公安系统展开了一场轰轰烈烈的"打拐"斗争，令犯罪分子披肝沥胆，闻风而逃。★3.这部长篇小说确实来得不易，作者披肝沥胆，花了十几年的时间才写成。

蓬荜增辉——也说"蓬荜生辉"。蓬荜(bì)，即蓬门荜户，用蓬草、荆竹树枝编成门户的房子，形容房子的简陋。表示由于别人到自己家里来或张挂别人题赠给自己的字画而使自己非常光荣。谦敬之辞，不能出自他人之口，同义词有"柴门有庆"。★1.您刚刚乔迁新居，房间宽敞明亮，只是摆设略显单调，建议您挂幅油画，一定会使居室蓬荜生辉。★2.我厂生产的红石牌高级涂料色泽高雅，历久常新，使用红石牌涂料来装修你的居室，包你蓬荜生辉。

扑朔迷离——形容事物错综复杂，难以辨别。★云就像天气的"招牌"，看云可识天气，但必须有丰富的经验，因为云的变化是扑朔迷离的。

【原诗】

秋　诗

北齐　阳休之

日照窗前竹,露湿后园薇。

夜蛩扶砌响,轻蛾绕竹飞。

【注释】

薇:植物名,一年生草本,茎高二、三尺,尖端卷曲如漩涡,叶有两种,一为绿色,类似蕨叶;一为褐色,形细长,上生许多胞子囊,嫩时可食用。

蛩:蟋蟀。扶:沿着,也可作挨着。砌:台阶。

蛾:虫名。种类很多,如天蛾、蚕蛾、螟蛾等。躯体一般粗大,翅有细鳞,与蝶类似。多在夜间飞行。

【品悟】

阳休之,生于北魏宣武帝永平二年,卒于隋文帝之开皇二年。少勤学,爱文藻,弱冠即有声誉,他能赋能诗,颇有才名。

这首诗写秋天早晨的幽静,夜晚的热闹,静态和动态交相辉映,和谐融洽,得自然之趣。

【关键词】

内容上:秋天早晨幽静　夜晚热闹

手法上:动静结合

诫子书

诸葛亮

【作者简介】

诸葛亮,字孔明,琅琊人。三国时期著名的政治家、军事家。官至丞相。这篇《诫子书》是写给儿子诸葛乔的。

【原文】

夫君子之行,静以修身,俭以养德。非淡泊无以明志,非宁静无以致远。夫学须静也,才须学也。非学无以广才,非志无以成学。淫慢则不能励精,险躁则不能治性。年与时驰,意与日去,遂成枯落,多不接世。悲守穷庐,将复何及?

【译文】

君子的品行,以安静努力提高自己的修养,以节俭努力培养自己的品德。不恬淡寡欲就不能显现出自己的志向,不宁静安稳就不能达到远大的目标。学习必须静下心来,才干必须学习才能增长。不学习就不能有广博的才干,没有志向就不能成就学业。淫慢便不能振奋精神,冒险急躁便不能陶冶性情。年华随时间流逝,意志随岁月消磨,于是枝枯叶落,大多不能对社会有所作为。等到悲凉地守着贫穷的小屋时,后悔又怎么来得及呢?

名言名句

论语名句——为政篇(下)

●子曰:"道千乘之国,敬事而言,节用而爱人,使民以时。"(学而·第一)

——孔子说:"治理一个国家,就要严谨认真、尽职尽责地办理国家大事而赢得大众的信任;节约财政开支而又爱护人民,使百姓安居乐业,不误农时。"

●子路问事君。子曰:"勿欺也,而犯之。"(宪问·第十四)

——子路问怎样侍奉君主。孔子说:"不能欺骗他,但可以犯颜直谏。"

●孔子谓季氏,"八佾舞于庭,是可忍,孰不可忍也!"(八佾·第三)

——孔子谈到季氏,说:"臣子明目张胆地用天子才能使用的礼仪在自己的庭院中奏乐舞蹈,看到这样的事都可以容忍,还有什么事情不可以容忍呢?"

●子曰:"举直错诸枉,则民服;举枉错诸直,则民不服。"(为政·第二)

——孔子说:"把正直无私的人提拔起来,把邪恶不正的人置于一旁,老百姓就会拥护你;把邪恶不正的人提拔起来,把正直无私的人置于一旁,老百姓就不会拥护你。"

●子曰:"道之以政,齐之以刑,民免而无耻;道之以德,齐之以礼,有耻且格。"(为政·第二)

——孔子说:"只注重用法制禁令去管理国家,使用刑罚来管理人民，人们就会千方百计钻法律的漏洞，逃避制裁并自鸣得意，毫无廉耻之心；用道德管理国家，使用合乎道德的礼法来管理人民，人民不仅会有羞耻之心，而且也就守规矩了，（这就是治理的最高境界）。"

●丘也闻有国有家者，不患寡而患不均，不患贫而患不安。盖均无贫，和无寡，安无倾。(季氏·第十六)

——我听说，不论国家或家庭，不怕财富不多，而怕财富分配不均；不怕贫穷，而怕内部不安定。若是财富均了，也就没有所谓贫穷；大家和睦，就不会感到人少；安定了，也就没有倾覆的危险了。

●天下有道，则庶人不议。(季氏·第十六)

——天下太平，国家政令合乎道德，老百姓就不会议论纷纷，怨天尤人。

●故远人不服，则修文德以来之。既来之，则安之。(季氏·第十六)

——既然其他国家不衷心佩服我们，那就要发扬自己的文化，提高自己的道德水平来赢得他们的尊重。既然把它们吸引到我们这边来，就要和睦相处，相安无事，天下太平。

●子曰："其身正，不令而行；其身不正，虽令不从。"(子路·第十三)

——孔子说："自身正了，即使不发布命令，老百姓也会去干；自身不正，即使发布命令，老百姓也不会服从。"

十八

晓风晨语

● 泰山不是垒的,学问不是吹的。天不言自高,地不语自厚。
● 水满则溢,月满则亏;自满则败,自矜则愚。

常见多音字

Q

休戚与共 qī	蹊跷 qī qiāo	祈祷 qí
颀长 qí	歧途 qí	绮丽 qǐ
修葺 qì	休憩 qì	关卡 qiǎ
悭吝 qiān	掮客 qián	潜移默化 qián
虔诚 qián	天堑 qiàn	戕害 qiāng
强迫 qiǎng	勉强 qiǎng	强求 qiǎng
牵强 qiǎng	襁褓 qiǎng	翘首远望 qiáo
讥诮 qiào	怯懦 qiè	提纲挈领 qiè
锲而不舍 qiè	惬意 qiè	衾枕 qīn
倾盆大雨 qīng	引擎 qíng	亲家 qìng
曲折 qū	祛除 qū	黢黑 qū
水到渠成 qú	清癯 qú	瞿塘峡 qú
通衢大道 qú	龋齿 qǔ	兴趣 qù
面面相觑 qù	债券 quàn	商榷 què
逡巡 qūn	麇集 qún	菜畦 qí
稽首 qǐ	洽谈 qià	自古迄今 qì
付讫 收讫 qì	罪愆 qiān	镶嵌 qiàn
憔悴 qiáo	纤绳 拉纤 qiàn	遒劲 qiú
黥刑 qíng	茕茕子立 qióng	肯綮 qìng
苍穹 qióng	蜷缩 quán	怙恶不悛 quān

Q

清澈见底	签字盖戳	乔装打扮	巧取豪夺
罄竹难书	气喘吁吁	七零八落	巧夺天工
七上八下	七手八脚	漆黑一团	期期艾艾
全家迁徙	曲高和寡	千钧一发	钦差大臣
顷刻之间	敲诈勒索	前倨后恭	群策群力
前车之鉴	前赴后继	前仆后继	浅尝辄止
黔驴技穷	乔迁之喜	青梅竹马	穷兵黩武
欺世盗名	奇思妙想	欺上瞒下	妻离子散
凄风苦雨	栖身之所	齐心协力	棋逢对手
旗开得胜	旗鼓相当	歧路亡羊	奇耻大辱
奇谈怪论	起死回生	奇珍异宝	崎岖不平
起早贪黑	岂有此理	泣不成声	气象万千
气急败坏	恰如其分	谦虚谨慎	谦谦君子
牵肠挂肚	牵强附会	千锤百炼	潜移默化
潜滋暗长	枪林弹雨	强人所难	强词夺理
敲骨吸髓	敲山震虎	敲诈勒索	虚有其表
悬崖峭壁	锲而不舍	求同存异	切肤之痛
窃窃私语	亲密无间	亲自出马	沁人心脾
青黄不接	青出于蓝	清风明月	清规戒律
蜻蜓点水	倾盆大雨	倾家荡产	轻而易举
轻描淡写	轻车熟路	情不自禁	情同手足
晴天霹雳	请君入瓮	琼浆玉液	琼楼玉宇
穷乡僻壤	穷凶极恶	秋毫无犯	秋高气爽
求全责备	求之不得	屈指可数	去粗取精
去伪存真	拳不离手	权宜之计	权衡轻重
全神贯注	全力以赴	全心全意	却之不恭
气烘烘	静悄悄	祁连山	黑漆漆
红旗渠	怯生生	俏皮话	前哨战

比比看看

Q

期间　其间

期间:多指具有某种特征的时间段,一般用在表时间的名词后面,特指该段时间,如 鸦片战争期间、辛亥革命期间、九五规划期间等,但它不能单独使用。其间:一指那中间,二指某一段时间。也可以作为插入语,单独使用。

其他　其余

其他:另外的意思,既指人又指事物。其余:剩余的意思。

起动　启动

起动:侧重在实施。启动:侧重开始实施。

启事　启示

启事:刊登或张贴出来的某种声明,名词,如征文启事。启示:启发,动词兼名词。

器重　尊重

器重:是长辈对晚辈、上级对下级的重视。尊重:是晚辈对长辈、下级对上级的重视,也用于对知识的重视。

前提　基础

前提:事物发生或发展的先决条件。基础:事物发展的根本起点。

强制　强迫

强制:用于法律上,也用于其他,它的使动者是国家、政府、组织。强迫:除强制的用法外,还用于其他方面,它的使动者除组织、集体外,还可以是个人。

抢救　营救

抢救:指在危急情况下突击救护,其对象可以是能够直接救护的人,也可以是文化遗产等。营救:援救的意思,其对象是暂时遇到灾难急需救助而又不能直接救助的人。

切实　确实

切实:指事情本身符合实际,如切实有效。确实:指事情真实可信,毫无疑问,如确实可信。

侵蚀　腐蚀

侵蚀:逐渐侵害使变坏。腐蚀:通过化学作用,使物体逐渐消损破坏；使人在坏的思想行为环境等因素的影响下逐渐变质堕落。

侵蚀　侵吞

侵蚀:意为"逐渐侵害使变坏"。侵吞:意为"暗中非法占有"。

侵略　侵犯

侵略:指侵入别国,掠夺、干涉、奴役人民,手段是武力或政治、经济、文化渗透等,对象常是国家、主权、领土。侵犯:指侵入别国领域,非法干涉、损害其利益,对象常是权利、自由、领域等。

倾听　聆听

倾听:用于上级、长辈对下级、晚辈。聆听:用于下级、晚辈对上级、长辈。

轻率　草率

轻率:常形容处理问题不认真严肃的态度。草率:常形容办事敷衍了事。

清净　清静

清净:(1)没有事物打扰,如耳根清净;(2)清澈。清静:安静,不嘈杂。

清冷　冷清

清冷:意为"凉爽而带有寒意"。冷清:意为冷"静而凄凉",强调很不热烈,很不热闹,萧索而凄凉。

情景　情境

情景:指具体场合的景象,多指感人场面、动人景色等。情境:指境地、境况,如欢乐陶醉的情境。

曲解　误解

曲解:作歪曲和错误的解释,是有意而为。误解:(由于能力等原因)理解得不准确。

取缔　取消

取缔:明令取消或禁止,语意重。取消:使原有的制度规章资格权利失去效力。

权利　权益

权利:公民或法人依法行使的权力和享受的利益。权益:应该享受的不容侵犯的权利。

权利 权力

权利:与"义务"相对,指依法行使的权力和享受的利益,对象是公民、法人,也可以是国家机关。权力:政治上的或职责范围内一定的强制力量或支配力量,对象可以是个人,也可以是国家机关。

权限 权利

权限:指职权范围。权利:指公民或法人依法行使的权力和享受的利益。

全力 鼎力

全力:全部力量或精力。鼎力:大力,是敬辞,多用在表示请托或感谢时候。

缺点 缺陷

缺点:欠缺或不完善的地方(侧重于不好)。缺陷:欠缺或不完善(侧重于没有)。

缺乏 缺少

缺乏:强调少或没有,消极色彩浓。它可带抽象事物作宾语,如勇气、经验等;又可带具体概念作宾语,如书籍、布匹、人员、弹药等;还可带动词作宾语,如调查、观察。缺少:指在数量上少一些,有时指没有,宾语是具体名词,如教师、用品等。

成语积累
(★ 表示错误用法)

Q

墙倒众人推——比喻人一旦失势,就遭到众人的非难和攻击,不是团结一致的意思。★做任何工作都不能孤军奋战,必须团结合作。墙倒众人推,我们只要齐心协力,互相帮助,就一定能克服工作中的种种困难。

秦晋之好——两姓联姻,并非指两国关系友好。★随着双边关系的改善,中俄两国终于结为秦晋之好。

七手八脚——指的是人多手杂而忙乱,不是指一个人。★已经过了下班的时间,我还在七手八脚地忙乎着。

巧立名目——变法儿定出些名目来达到某种不正当的目的。
★假以时日,我们可以巧立名目,开发大批新颖别致的旅游项目,为景区再添光彩。

巧舌如簧——簧(huáng),乐器里薄叶状的发声振动体。形容能说会道,花言巧语。贬义词。★辩论会上,选手们唇枪舌剑,巧舌如簧,精彩激烈的场面赢得了现场观众阵阵掌声。

巧言令色——巧言,虚伪的好话。令色,讨好别人的表情。形容花言巧语,假装和善的样子。

巧夺天工——天工,天然形成的工艺。人工的精巧胜过天然。形容技艺精妙。多指工艺美术、园林等。★1.翘首西望,海面托着的就是披着银发的苍山。苍山如屏,洱海如镜,真是巧夺天工。★2.山上的石头奇形怪状,有的像猴子嬉戏,有的像双龙戏珠,有的似莲花盛开……真是巧夺天工。

趋之若鹜——鹜(wù),野鸭子。像鸭子一样,成群地跑过去。多比喻许多人争着去追逐不好的事物。多含贬义。★1.齐白石画展在美术馆开幕了,国画研究院的画家竞相观摩,艺术爱好者也趋之若鹜。★2.当年中国音乐家往外走,现在世界著名音乐大师趋之若鹜地进入中国。

屈指可数——形容寥寥无几。★时下,网络文学蓬勃发展,痞子蔡就是屈指可数的网络写手之一。(与"网络文学蓬勃发展"矛盾)

曲尽其妙——曲折深入地将其奥妙处都表达出来。形容表达的技巧很高明。★这是一位独唱演员,先天素质很好,训练又刻苦,每次演出都能曲尽其妙。

潜移默化——指人的思想或性格受其他方面的感染而不知不觉地起了变化。★各类设施配套完善的高新园区的建成使用,不仅带动了房地产开发,取得了经济效益,而且在潜移默化中聚集着人气,改善着人居环境。(属使用对象错误)

去天尺五——比喻离宫廷极近。天,指宫廷。

期期艾艾——形容人口吃。★如今,他的脸上早已没有了刚下岗时期期艾艾的神情,浑身上下都透着成功者的自信。

气冲斗牛——斗牛,二十八星宿中的斗宿和牛宿,借指天空。

形容精神旺盛,意气高昂,或非常生气,愤慨之极。★西湖胜景中最能让中国文人气冲斗牛的是白堤和苏堤。

情不自禁——感情激动,控制不住自己。★1.爸爸动脉硬化,两只手会情不自禁地抖动起来,多年不写东西了。(改"不由自主"为好)★2.大病初愈,拿起画笔,手却情不自禁地有些发抖。(与不由自主混淆,应改为"不由自主"。)

青红皂白——比喻是非、情由等。★我不是笼统地反对在文学作品中使用方言,因为适当地使用方言,能够使人物形象鲜活,乡土气息浓郁;我只是反对不分青红皂白地在文学作品中滥用方言,因为方言过多在一定程度上会影响读者对作品的理解。(原句是想表达不分"场合、地点、环境等"滥用方言,而非不分原因、道理等。)

罄竹难书——罄(qìng),尽。把竹子用完了都写不完,形容罪行多,写不完。★1.他为老百姓做了许许多多好事,其政绩可谓罄竹难书。★2.雷锋一生很短暂,但所做的好事却极多,简直罄竹难书。★3.他乐于助人,一生中为大家做的好事是罄竹难书的。

倾巢而出——全体出动。多用于贬义。★在澳门回归祖国的日子里,许多单位的干部都倾巢而出,参加清洁马路的活动。

求全责备——苛责别人,要求完美无缺。后面不能带宾语,与此类似的还有"漠不关心"。★人们提到秋白同志,总会说起他是那样大公无私,光明磊落,求全责备自己。

曲突徙薪——突,烟囱。徙(xǐ),搬移。把烟囱改建成弯的,搬开灶旁的柴火,避免发生火灾。比喻事先预防,以免发生危险。

千头万绪——绪,丝的头,比喻开端。头绪很多。形容事物纷繁,情况复杂。

千古绝唱——绝唱,指诗文创作的最高造诣,也指最好的作品。自古以来最好的作品。★1956年4月21日,我国离大海最远的城市乌鲁木齐有了来自东海之滨的直达列车。从此，"春风不度玉门关""西出阳关无故人"的诗句成了千古绝唱。

千夫所指——指，指责。受到众人的指责。形容众怒难犯。

千载难逢——形容机会的难得和可贵。★电视台将直播港督撤离香港，我当然不能放过收看这千载难逢的场面。

浅尝辄止——刚入门就不再钻研。★这老两口，一切都围着孙子转，就是平时儿女孝敬他们的水果，他们也总是浅尝辄止，非把它留给孙子吃不可。

歧路亡羊——岔道多，丢失了羊。比喻事理复杂多变，没有正确的方向，因而找不到真理。★这次考试的失败，对我来讲，不过是歧路亡羊，只要接受教训，成绩会上去的。（大词小用）

求田问舍——买田置屋，多用以形容只求个人小利。

茕茕孑立——茕茕(qióng)，孤单无依靠的样子。孑(jié)，孤立。形容一个人孤苦伶仃。★为了给心爱的孩子送大衣，母亲在风雪中已经茕茕孑立地等了一个小时。

前倨后恭——倨(jù)，傲慢、怠慢。先傲慢而后恭敬。

清规戒律——原指佛教寺院所订立的规则和戒律。比喻繁琐、不合理的成规、惯例。有时泛指规章制度。

鹊巢鸠占——喜鹊的巢被斑鸠占住。原比喻女子出嫁，以夫家为家。后来比喻坏人强占别人住处。

奇货可居——奇货，稀有的、珍贵的货物。居，储藏。把稀有的货物储藏起来，等待高价出售。也比喻挟持某种独特的技能或成就作为资本，以博取名利地位。

气宇轩昂——亦作"器宇轩昂"。气宇，仪表、风度。轩昂，精神饱满的样子。形容人气度不凡。★这座从前破旧的博物馆如今装修一新，看起来古朴庄严，气宇轩昂。

起死回生——把将要死的人医活，形容医术高明。★一个月后他的病逐渐好起来，这是他第四次起死回生了。（改"死而复生"为好，"起死回生"只用于医生。）

权衡轻重——衡量轻和重,比较主次得失。一般用于决策前估量利弊得失。★造成这些问题的原因很多,有主观方面的,也有客观方面的,权衡轻重,主观努力不够还是最主要的。

庆父不死,鲁难未已——庆父,鲁庄公的弟弟。未已,没有完。比喻不把制造祸乱的罪魁祸首清除,灾难就会不断发生,永无宁日。

青梅竹马——指男女双方在孩童时代就曾天真地在一起玩耍,不能用于同性之间。★这对孪生姐妹在幼儿园时就青梅竹马,形影不离。

杞人忧天——比喻不必要的忧虑。★根据预测,这一带最近可能发生地震,他害怕得吃不好饭睡不好觉,简直是杞人忧天。

旗开得胜——指军队的战旗刚一展开就取得胜利,比喻事情一开始就取得好成绩。★这场战斗打得异常艰苦,经过三天三夜的顽强拼搏,我军终于旗开得胜。(与"三天三夜"矛盾)

古诗欣赏
秋之意

【原诗】

秋思

南宋　陆游

桑竹成荫不见门,
牛羊分路各归村。
前山雨过云无迹,
别浦潮回岸有痕。

【注释】

浦:水边或河流入海的地方。潮回:潮水退去。痕:水迹。

【品悟】

这首秋季农村即景诗,语言洗练,景物鲜明。作者把农家环境描绘得恬静自然,优美宜人,充满生活气息。诗的三、四句对仗严整,韵调和谐,具有诗歌的音律,读来明快悦耳。

【关键词】

内容上:秋季农村

手法上:语言洗练 对仗严整

诫外甥书

诸葛亮

【原文】

夫志当存高远,慕先贤,绝情欲,弃凝滞。使庶几之志揭然有所存,恻然有所感。忍屈伸,去细碎,广咨问,除嫌吝,虽有淹留,何损于美趣,何患于不济。若志不强毅,意气不慷慨,徒碌碌滞于俗,默默束于情,永窜伏于庸,不免于下流矣!

【译文】

一个人应当有高尚远大的志向,仰慕先贤,戒绝情欲,抛弃阻碍前进的因素,使先贤的志向,在自己身上显著地得到存留,在自己内心深深地引起震撼;要能屈能伸,丢弃琐碎,广泛地向人请教咨询,去除猜疑和吝啬,这样即使因受到挫折而滞留,也不会损伤自己的美好志趣,又何必担心达不到目的。倘若志向不刚强坚毅,意气不慷慨激昂,那就会碌碌无为地沉湎于流俗,默默无闻地被情欲束缚,势必永远沦入凡夫俗子之列,甚至免不了成为庸俗的下流之辈。

论语名句——识人篇(上)

●子曰:"其言之不怍,则为之也难。"(宪问·第十四)

——孔子说:"一个人如果说大话而不感到羞耻,那么他要做成什么事也很难。"

●子曰:"父在,观其志;父没,观其行;三年无改于父之道,可谓孝矣。"(学而·第一)

——孔子说:"当他父亲在世的时候,看其子要观察他的志向;当他父亲死后,看其子要考察他的行为;若是他对他父亲的合理部分长期不加改变,这样的人可以说是尽到孝了。"

●子曰:"狂而不直,侗而不愿,悾悾而不信,吾不知之矣。"(泰伯·第八)

——孔子说:"狂妄而不正直,没有主见而不愿听取劝告,貌似憨厚而不守信用,我无法理解这种人。

● 子贡曰："君子亦有恶乎？"子曰："有恶。恶称人之恶者，恶居下流而讪上者，恶勇而无礼者，恶果敢而窒者。"曰："赐也亦有恶乎？""恶徼以为知者，恶不孙以为勇者，恶讦以为直者。"(阳货·第十七)

——子贡说："君子也有厌恶的事吗？"孔子说："有厌恶的事。厌恶宣扬别人坏处的人，厌恶身居下位而诽谤在上者的人，厌恶勇敢而不懂礼节的人，厌恶固执而又不通事理的人。"孔子又接着说："子贡，你也有厌恶的事吗？"子贡说："厌恶窃取别人的成绩而作为自己的知识的人，厌恶把不谦虚当做勇敢的人，厌恶揭发别人的隐私而自以为直率的人。"

● 子曰："君子怀德，小人怀土；君子怀刑，小人怀惠。"(里仁·第四)

——孔子说："君子心中珍藏着道德，小人心中关心着财富；君子心中牢记着国家法度，小人时刻惦记着自私自利。"

● 子曰："视其所以，观其所由，察其所安，人焉廋哉？人焉廋哉？"(为政·第二)

——孔子说："看一个人，首先要观察他的所作所为；了解他做事的思想根由；并且还要观察他安心于什么，不安于什么。像这样去了解他，他还怎么能隐藏得了自己呢？"

● 子曰："色厉而内荏，譬诸小人，其犹穿窬之盗也与？"(阳货·第十七)

——孔子说："那些表面上刚猛威风而内心却无才无德的人，这样的小人其实是很心虚的，打个比喻就像穿墙越户的小偷，被逮住后，嘴上强硬，实际上早已吓破了胆。"

● 子曰："不逆诈，不亿不信，抑亦先觉者，是贤乎！"(宪问·第十四)

——孔子说："明知别人在欺诈自己而不当面揭穿，不主观臆断别人就是个不诚信的人；若及早觉察到这些，而能包容人、教化人，这样的人是有智慧的先觉者，是贤达的人呀。"

十九

●包子有肉,不在皮上;人有学问,不挂嘴上。

●不实心不成事,不虚心不知事。 不自是者博闻,不自满者受益。

R

围绕 rào	荏苒 rěn rǎn	稔知 rěn
妊娠 rèn shēn	仍然 réng	冗长 rǒng
冉冉升起 rǎn	冗余 rǒng	蠕动 rú
偌大 ruò		

R

认识肤浅	人参鹿茸	燃眉之急	瑞雪丰年
日薄西山	孺子可教	冉冉升起	惹火烧身
惹是生非	如法炮制	如火如荼	如坐春风
融会贯通	热火朝天	人定胜天	人山人海
人面桃花	人面兽心	仁至义尽	仁人君子
任人唯亲	任重道远	任劳任怨	忍辱负重
忍气吞声	忍无可忍	忍俊不禁	认贼作父
日暮途穷	日积月累	日月如梭	容光焕发
乳臭未干	入木三分	入情入理	入不敷出
锐不可当	锐意进取	若无其事	若即若离
弱不禁风	弱肉强食		
入场券	热炕头	溶菌素	毛茸茸
染色体	桡动脉	绕弯子	热塑性
日光浴	日环食	乳状液	入射角

比比看看

R

仁厚　仁德

仁厚:指仁爱厚道,心肠好。仁德:指施行的一种德政。

溶剂　熔剂

溶剂:指能溶解别的物质的液体,如水等。熔剂:指熔炼、焊接或者锻接时,为了促进原料、矿石或者金属的熔化而加进的物质,如石灰石等。

融化　溶化　熔化

融化:(冰雪等)变成水。溶化:(固体)溶解。例如:砂糖放在热水中就会溶化。熔化:固体加热到一定温度变为液体。

荣誉　名誉

荣誉:一定社会或集团对人们履行社会义务的道德行为的肯定和褒奖,特定人从特定组织获得的专门性和定性化的积极评价。名誉:对特定的公民和法人的人格价值的一种社会评价。具体是指社会对特定的公民的品行、思想、道德、作用、才干等方面的社会评价。两者都可以和"权"字搭配。

(1)范围不同。荣誉并非每个社会成员都能取得,只有某些做出了突出贡献或取得重大成果的人才会获得荣誉称号,因而具有专属性;名誉是每个公民或法人都享有的,具有普遍性。

(2)取得的方式不同。荣誉的取得必须经过特定的程序,由国家机关或社会组织以表彰的方式授予;名誉则是法律赋予每个公民与法人的,其取得不需要履行任何程序手续。

(3)客体内容不同。名誉是社会对每一公民、法人的品德、才干、生活作风等各方面因素的综合评价,有好的,也有不好的;而荣誉则是对做出突出贡献的公民的一种褒扬和嘉奖。

(4)消灭的要求不同。荣誉权的丧失通常是由授予单位基于法定事由给予剥夺,如因弄虚作假骗取荣誉,因为触犯刑法等因素被剥夺荣誉称号;名誉权则无法被剥夺或受到限制。

入骨三分　入木三分

入骨三分:只用于形容对反面事物的揭露深刻尖锐。入木三分:既用于反面揭露,又用于对正面事物的议论深刻。

R

忍无可忍——意思是再也无法忍受。其语境往往是接着进行反抗。★这两位进城打工的农民遭到保安人员的非法拘押和刑讯逼供，他们在被毒打后忍无可忍，不得不承认偷了商场的物品。

忍俊不禁——忍俊，含笑。忍不住要发笑。不能说"忍俊不禁地笑起来"。★大熊猫憨态可掬，小猴子顽皮可爱，使得周围大人们忍俊不禁，孩子们更是笑得前仰后合。★张之才一见自己的父亲受了这样大的委屈，忍俊不禁，拿起菜刀追出门去，要和渔霸算账。（在这里可以用"忍无可忍"）

任重道远——担子很重，路途遥远。比喻责任重大，而且要经历长期的奋斗。指人，常误用为指事业。★西部的发展，将为中国其他地区提供无限广阔的发展空间和巨大的商机。但是，这项事业任重道远。

如花似锦——华彩绚丽，形容风景或前程美好。★建设社会主义文学，必须坚持借鉴、继承与创新并举的原则，只有如此，才能使文学的百花园呈现出如花似锦的景象。

如数家珍——像数（说）家中的珍宝一样，形容对列举的事物或叙述的故事十分熟悉。"熟悉"的对象不能就是"家珍"。★老王家的橱柜里摆满了他多年收藏的各种老旧钟表，每当他向慕名来访的参观者介绍这些宝贝时，总是如数家珍。（"老旧钟表"其实就是"（他）家中的珍宝"）

如坐春风——像处于春风一样，受教育、感化很深。用于表现听者一方的感受。与"景物"无关。★1.春节前夕，党和政府的送温暖活动，使下岗工人们如坐春风，深受感动。★2.不论什么时候，她都是亲切随意，如坐春风，娓娓道来，不拉架子而棱角自见，不事喧哗而锋芒难避。★3.今天天气真好，我们在操场上，真是如坐春风。

如履薄冰——比喻处在危险的境地而提心吊胆。强调主观心态之谨慎小心,而非客观情况之危急。

人微言轻——微,职位低下。轻,不被重视。指职位低,说话不起作用。

人浮于事——工作人员的数目超过工作的需要,事少人多。

如蚁附膻——膻(shān),羊臊气。像蚂蚁附着在有膻味的东西上,比喻趋炎附势或追逐名利的肮脏行为。★一曲曲古老的音乐带着古老文明的气息在大厅里回旋,满座的听众如痴如醉,如蚁附膻。

如丧考妣——考,父亲。妣(bǐ),母亲。好像死了父母一般伤心、着急,含贬义。

忍痛割爱——忍受痛苦,不情愿地放弃自己心爱的东西,或把自己心爱的东西交给别人。★小军看好了那件款式新颖的运动服,可惜带的钱不够,只好忍痛割爱。(非自己的)

古诗欣赏
秋之意

【原诗】

山 店

唐 卢纶

登登山路行时尽,
决决溪泉到处闻。
风动叶声山犬吠,
几家松火隔秋云。

【注释】

登登:指脚步声。登山时发出的声音。行时尽:走完了上山的道路。

决决:决,决的异体字。指水声。

吠(fèi):指动物鸣叫。

松火:用老松劈成的细条做的火把。

【品悟】

卢纶(748—800？)唐代诗人,字允言,河中蒲(今山西永济县)人。他是"大历十才子之一",诗多送别酬答之作,也写过一些气势刚健的边塞诗和描写自然风光的景物诗。

这首诗写诗人秋夜山中投店的所见所闻，同时采取或虚或实的手法，将人物的行动贯川其间，因为是抓住了山中景物的特征，所以费墨不多而画面清晰鲜明。山中十分静谧，一两声狗叫，会使人觉得愈加肃寂；漆黑的夜里，一只明亮的松火，反衬出四周更为黑暗，读后大有身临其境、情随境迁之感。

【关键词】

内容上：秋夜山中投店

手法上：或虚或实

经典诵读

知人性

诸葛亮

【原文】

夫知人性，莫难察焉。美恶既殊，情貌不一，有温良而为诈者，有外恭而内欺者，有外勇而内怯者，有尽力而不忠者。然知人之道有七焉：一曰，间之以是非而观其志；二曰，穷之以辞辩而观其变；三曰，咨之以计谋而观其识；四曰，告之以祸难而观其勇；五曰，醉之以酒而观其性；六曰，临之以利而观其廉；七曰，期之以事而观其信。

【译文】

世界上没有比真正地了解一个人的本性还要困难的事情。每个人的善、恶程度不同，本性与外表也是不统一的。有的人外貌温良却行为奸诈，有的人情态恭谦却心怀欺骗，有的人看上去很勇敢而实际上却很怯懦，有的人似乎已竭尽全力但实际上却另有图谋。然而，了解一个人的本性还是有七条办法的：用离间的办法询问他对某事的看法，以考察他的志向、立场；用激烈的言辞故意激怒他，以考察他的气度和应变能力；就某个计划向他咨询，征求他的意见，以考察他的学识；告诉他大祸临头，以考察他的胆识、勇气；利用喝酒的机会，使他大醉，以观察他的本性、修养；用利益对他进行引诱，以考察他是否清廉；把某件事情交付给他去办，以考察他是否有信用，值得信任。

名言名句

论语名句——识人篇(下)

●子曰:"孟之反不伐,奔而殿,将入门,策其马,曰:'非敢后也,马不进也。'"(雍也·第六)

——孔子说:"孟之反将军从不宣扬自己的战功。战争中败退的时候,他走在全军的最后掩护全军;将要进自己城门的时候,才鞭策自己的马赶上大家,一面说,'不是我敢于殿后,是马跑不动呀'。"

●孔子曰:"有颜回者好学,不迁怒,不贰过,不幸短命死矣。今也则亡,未闻好学者也。"(雍也·第六)

——孔子说:"有个名叫颜回的学生非常好学,而且自己有了怨恨从不把它发泄在别人身上,有过则改,从不犯同样的过错。不幸短命死了。现在没有了这个人,我的学生中没有第二个像他好学的人了。"

●子曰:"士志于道,而耻恶衣恶食者,未足与议也。"(里仁·第四)

——孔子说:"口上喊着要立志于修养道德的人,如果还贪图物质的奢华和享受,这样的人就跟他没什么好谈的了。"

●子曰:"浸润之谮,肤受之诉,不行焉,可谓明也已矣。"(颜渊·第十二)

——孔子说:"一些人在领导面前惯用'背地里一点一滴的谗言、表面上一点一滴的攻击'的诡计,日积月累来陷害别人,以达到自己的目的。一个领导者若能识破他,不使他得逞,可以称得上是一个明达和远见卓识的领导。"

●子曰:"可与共学,未可与适道;可与适道,未可与立;可与立,未可与权。"(子罕·第九)

——孔子说:"年轻时可以同他一起求学的人,未必将来与他有相同的信仰和追求;或可以有相同的信仰和追求,未必就可以同他一起共事;或可以同他一起共事,未必就可以同他一道掌权或历经变故而不改初衷。"

●子曰:"夫达也者,质直而好义,察言而观色,虑以下人。"(颜渊·第十二)

——孔子说:"真正贤达的人是这样的:本性正直而爱好

道义，对别人的言语、表情有很高的洞察力，有丰富的知识而且对人谦虚。"

●子曰："君子而不仁者有矣夫，未有小人而仁者也。"(宪问·第十四)

——孔子说："君子达不到完善的道德，这情形是存在的；小人能做到仁德，这情形是不会有的。"

●子曰："君子不可小知而可大受也，小人不可大受而可小知也。"(卫灵公·第十五)

——孔子说："不能以普通人的眼光去衡量君子，但君子能承担重任。小人不能承担重任，但也未必就一无是处。"

●子曰："鄙夫可与事君也与哉？其未得之也，患得之。既得之，患失之。苟患失之，无所不至矣。"(阳货·第十七)

——孔子说："自私自利的人，在没有得到权势或财产时，想方设法去得到它，即使得到了，又生怕失去。在这种怕失去的心理下，会做出一些不合常理的事来。"

●子曰："君子义以为上。君子有勇而无义为乱，小人有勇而无义为盗。"(阳货·第十七)

——孔子说："君子认为义是最可贵的，君子只有勇没有义，就会捣乱造反；小人只有勇没有义，就会做土匪强盗。"

●子曰："年四十而见恶焉，其终也已。"(阳货·第十七)

——孔子说："一个人年龄到了四十岁，还有许多的毛病恶习而自己无法改正，这个人一辈子也就这样了，改不了啦。"

●子曰："唯女子与小人为难养也，近之则不孙，远之则怨。"(阳货·第十七)

——孔子说："只有那些没有受过教育的女人和小孩子很难伺候，当你亲近他们的时候，他们会无所顾忌地对待你。当你和他们保持了距离的时候，又会招来他们无端的怨恨。"

●子夏说："小人之过也必文。"(子张·第十九)

——子夏说："小人经常想修饰掩盖自己的过错。"

●子夏曰："大德不逾闲，小德出入可也。"(子张·第十九)

——子夏说："具有大德的人，总是以最严的方式最高的道德标准要求自己。小德的人，认为只要符合常理就可以了。"

二十

晓风晨语

●虚心的人,常想己之短;骄傲的人,常夸己之长。
●成就是谦虚者前进的阶梯,也是骄傲者后退的滑梯。

常见多音字

S

缫丝 sāo	稼穑 jià sè	堵塞 sè
刹车 shā	芟除 shān	潸然泪下 shān
禅让 shàn	讪笑 shàn	赡养 shàn
折本 shé	慑服 shè	退避三舍 shè
海市蜃楼 shèn	舐犊之情 shì	教室 shì
有恃无恐 shì	狩猎 shòu	倏忽 shū
束缚 shù fù	刷白 shuà	游说 shuì
吸吮 shǔn	瞬息 shùn	怂恿 sǒng yǒng
塑料 sù	簌簌 sù	虽然 suī
鬼鬼祟祟 suì	婆娑 suō	霎时 shà
赊欠 shē	统摄 shè	妊娠 shēn
莘莘学子 shēn	哂笑 shěn	吞噬 shì
半身不遂 suí	漱口 shù	众口铄金 shuò
枢纽 shū	别墅 shù	洗涮 shuà
谥号 shì	箪食壶浆 sì	渊薮 sǒu
损耗 sǔn	悚然 sǒng	溯源 sù
收缩 suō	扫兴 sǎo	扫帚 sào
似的 shì	朔月 shuò	

常见词语

S

歃血为盟　　杀鸡取卵　　杀身成仁　　杀一儆百

160

稍事耽搁	稍纵即逝	山穷水尽	山盟海誓
潸然泪下	伤风败俗	伤天害理	赏心悦目
尚待商榷	声音洪亮	上下其手	上行下效
嗜酒成癖	删繁就简	闪烁其词	煽风点火
授予奖章	肆无忌惮	事过境迁	睡眼惺忪
申酉戌亥	书写潦草	手头宽裕	声音洪亮
梳妆打扮	寿终正寝	受宠若惊	深为惋惜
赡养父母	书声琅琅	身体羸弱	世外桃源
授予奖章	随声附和	式样新颖	夙兴夜寐
三番两次	三寸之舌	三顾茅庐	三思而行
石破天惊	拾人牙慧	始作俑者	散兵游勇
视如敝屣	拭目以待	丧心病狂	剩水残山
丧家之犬	森严壁垒	傻头傻脑	善罢甘休
少见多怪	舍己为人	涉笔成趣	深更半夜
深入浅出	深信不疑	身先士卒	身败名裂
身体力行	神机妙算	神采奕奕	神出鬼没
审时度势	甚嚣尘上	声泪俱下	声势浩大
声东击西	生死存亡	生机勃勃	生龙活虎
生灵涂炭	生杀予夺	生吞活剥	生死攸关
绳锯木断	省吃俭用	数不胜数	数典忘祖
盛气凌人	盛名之下	尸位素餐	失之交臂
师出无名	师心自用	诗情画意	十恶不赦
十拿九稳	十全十美	十年树人	石沉大海
石破天惊	时不我待	时不再来	识文断字
司空见惯	实事求是	识时务者为俊杰	
拾金不昧	史无前例	始终如一	始终不渝
世风日下	世态炎凉	世外桃源	事半功倍
事出有因	势如水火	势如破竹	势不两立
视死如归	视而不见	适得其反	适可而止
逝者如斯	誓不罢休	收放自如	手到病除
手无寸铁	手舞足蹈	守口如瓶	守株待兔
首当其冲	首屈一指	殊途同归	熟能生巧
熟视无睹	鼠目寸光	束手待毙	似是而非
束手无策	束之高阁	树碑立传	树倒猢狲散

双管齐下	爽心悦目	水泄不通	水落石出
水到渠成	水滴石穿	水乳交融	顺手牵羊
顺水推舟	瞬息万变	说长道短	闪烁其词
斯文扫地	死里逃生	死不瞑目	死灰复燃
四面楚歌	四平八稳	四通八达	四分五裂
耸人听闻	搜索枯肠	搜肠刮肚	肃然起敬
素昧平生	素不相识	速战速决	酸甜苦辣
随机应变	随风转舵	随声附和	损公肥私
损人利己	缩手缩脚	随乡入乡	随遇而安
索然无味	所向无敌	所向披靡	
圣诞节	狮子狗	屎壳郎	西红柿
手榴弹	沙琪玛	萨其马	捎带脚
抒情诗	耍滑头	宋体字	酸溜溜
所得税	所有权	苏维埃	送人情

比比看看

S

闪烁　闪现

闪烁:光亮动摇不定,忽明呼暗。闪现:一瞬间出现,呈现。

商定　核定

商定:商量决定。核定:核对审定。

渗透　渗入

渗透:逐渐进入,多用于抽象事物。渗入:无孔不入地钻进去,多含贬义。

申明　声明

申明:郑重申说理由,含解释辩白之意,做动词。声明:公开宣布或表明立场、态度,做名词、动词。

审定　审订

审定:审查决定,如审定计划。审订:审阅修订,如审订书稿。

圣地　胜地

圣地:具有重大历史意义的地方。胜地:名胜之地。

申辩　申诉

申辩:(对受人指责的事)申述理由,加以辩解。如允许受批评的人申辩。申诉:(1)国家机关工作人员和政党、团体成员等对所受处分不服时,向原机关或上级机关提出自己的意见。(2)诉讼当事人对裁定不服时,依法向法院提出重新处理的要求。

失之 有失

失之:与贬义词相关。有失:常与中性词或褒义词搭配。

时世 时势

时世:时代或社会,如时世的变迁、艰难时世。时势:时代潮流或趋势,如为时势所迫。

实验 试验

实验:对科学理论进行实际验证。试验:对某事物的结果、性能进行试探观察。

实行 施行

实行:用行动来实现(纲领、政策、计划等),如实行改革。"实行"的内容较抽象,"施行"的内容与之相比,显得较为具体,表示按照某种方式或办法去做。如施行手术。另外,"施行"还可指法令、规章等公布后从某时起发生的效力,如本条例自公布之日起施行。

十足 实足

十足:指物品成色纯或十分充足,前者如十足的黄金,后者如神气十足。实足:确实足数。如分量实足、实足年龄、实足250人。

适合 合适

适合:动词,可以带宾语。合适:形容词,不能带宾语。

史实 事实

史实:指历史上的事实。事实:指事情的真实情况。

涉及 波及

涉及:强调与对象有"关联"。波及:强调对对象产生了"影响"。

收拾 打点

收拾:书面语。打点:口头语。

收集 搜集

收集:使分散的东西积聚在一起,如收集资料。搜集:意在"搜寻",到处寻找事物并集中在一起,如搜集珍贵邮票。

受权　授权

受权:接受别人给的权力。授权:把权力授予别人。

舒服　舒适

舒服:侧重于表示人身体、精神的主观的具体感受,多用于口头语。舒适:侧重于表示客观环境或东西给人的综合性感受,多用于书面语。

熟悉　熟习

熟悉:指知道得清楚、很详细,含义较广,对象是具体的人、事或抽象的道理。例如:我和他很熟悉,我去劝他。熟习:了解得深透而熟练,对象常是技艺、语言、学问、知识等。例如:他很熟习果树栽培技术。

树立　竖立

树立:指建立,多用于抽象的好的事情。竖立:多指具体事物垂直而立。

私自　擅自

私自:指背着组织或有关的人做不合乎规章制度的事。擅自:指对不在职权范围以内的事情自作主张。

松弛　松懈

松弛:不紧张。松懈:注意力不集中,做事抓得不紧。

耸人听闻　骇人听闻

耸人听闻:故意说夸大或惊奇的话。骇人听闻:使人听了非常吃惊(多指社会上发生的坏事)。

虽然　不管

虽然:"即使"的意思,表示让步,姑且先承认某一事实,然后说出正意。也指为了强调表示结果的正意,可以用在后一分句,多用于书面。不管:后面带任指性的疑问代词或选择性词语,表示在任何假设的条件下结果或者结论都一样,常常同"都""总""也""一直""始终"等副词配合着用。

成语积累

（★表示错误用法）

S

稍纵即逝——形容机会和时间很容易失去。★只见演员手中的折扇飞快闪动,一张张生动传神的戏剧脸谱稍纵即逝,川剧的变脸赢得了观众的一片喝彩。(川剧的变脸是一种艺术,用得不妥。)

舍我其谁——自视甚高,自认极重,与"傲气"搭配。★她扮演的众多角色尽管各不相同,但都有一种共同的东西,那就是舍我其谁的傲气和不达目的绝不罢休的豪气。

熟视无睹——意思是经常看到却像不曾看见一样,形容对眼前的事物不关心或漫不经心。★足球比赛正在激烈进行着,只见一个防守队员快步赶上,抱住对方进攻队员的肩膀,从后面强行掀倒对方,而裁判却对此熟视无睹。(这里不是"经常看到",而是假装没看见,应用"视而不见"。)

三人成虎——比喻谣言重复多次,就能使人信以为真。★三人成虎,人多为王,这似乎成了宗派主义者们的信条。

首当其冲——是比喻"首先受到攻击或遭受灾难"。"冲",要冲,容易误用为冲击。一般作谓语。常被人误用为定语,代替"首先"。★1.第二次世界大战时,德国展开了潜艇战,于是使用水声设备来寻找潜艇,成了同盟国要解决的首当其冲的问题。★2.据专家测算,在首都市内的空气污染中,汽车尾气的排放可算首当其冲,竟占了污染总量的45%。

莘莘学子——莘莘(shēn),形容众多。众多学生。和"一位"不搭配。★那是一张两人的合影,左边是一位英俊的解放军战士,右边是一位文弱的莘莘学子。

顺藤摸瓜——意思是比喻沿着发现的线索进一步调查和研究,追究根底。根据犯罪嫌疑人的供述,警方决定顺藤摸瓜寻找在幕后操纵的黑手,最终全面破获了这起产供销一条龙的制贩毒大案。

山不转水转——寓意事物都是运动的变化的发展的。山、水、人等都是具体事物,静止都是相对的,运动是绝对的。在绝对运动中有相对静止,在相对静止中有绝对运动。1.俗话说山不转水转,各领风骚几年,正是因为股市的曾经低迷才能够创造今日股市的火暴。展望未来,当投资者感觉到股市大事已经降临时,社会投资渠道和资金流向就会发生扭转,这无形之中就开始给房地产市场进行持续的降温过程。2.随着再就业工程的实施,许多下岗职工坚信山不转水转,自立自强,重新找到了人生的位置。

身无长物——指人贫困。常因误用形容没有特长(别无长物)。★他虽然腰缠万贯,但终日游手好闲,不学无术,身无长物。

上行下效——在上者怎样做,在下者就跟着学。现多用贬义。误用为表示群众以干部为榜样。★上级两袖清风,下级就会廉洁自律。如此上行下效,社会风气就会逐步好转起来。

丧家之犬——指无家可归的狗。比喻失去倚仗,无处投奔的人。★包围圈越缩越小,这群罪大恶极的歹徒已成了丧家之犬,无处可逃了。(改用"瓮中之鳖")

神气活现——自以为了不起而显示出来的得意和傲慢的样子。贬义词。★在公园路幼儿园"六一"晚会上,小朋友们神气活现的表演,使观看的大人们非常高兴。

守株待兔——贬义词,指"不主动努力,心存侥幸,希望得到意外的收获",常误用形容公安干警的机智。

生死攸关——指人的生死存亡的关键。★排雷是生死攸关的工作,从接受这一艰巨的工作以来,这个部队已伤亡了二百多人。(本句是强调排雷的危险性)

首鼠两端——形容在两者之间犹豫不决或动摇不定。首鼠,犹豫,进退两难。常误解为言行前后不一致。★1.他刚说过他能处理好这件事,现在又矢口否认,这种首鼠两端的态度让人实在不解。★2.1999年产值要超历史最高,创税也要超历史最高,长江机床厂确立的这个目标,真可谓是首鼠两端,不同凡响。

始作俑者——俑(yǒng),殉葬的土木偶。第一个制作殉葬的土木偶的人。比喻第一个做某项坏事的人或恶劣风气的开创者。常滥用于一切倡导人。★1.谭嗣同愿作为变法牺牲的始作俑者,相比之下,康有为、梁启超二人确乎少些刚烈。★2.他是这种新文学体裁的始作俑者,应当在当代文学中占有一定的地位。(不能误为"创始人")★3.鲁迅先生不仅是"五四"新文化运动的伟大旗手,而且也是现代版画艺术的始作俑者。

事倍功半——形容花费的劳力大,收到的成效小。很多教师和学生都有这样的经验和体会,在考试前一定要保持轻松的心态,采用疲劳战术和题海战术只能事倍功半。

世外桃源——指不受外界影响的理想中的地方。要真正营造一个细胞生长的世外桃源也不是一件易事,除了要有合适的培养基之外,还需要许多其他条件。

拭目以待——意思是擦亮眼睛等待,形容殷切期望或等待某件事情的实现。北京大学"五四剧社"为百年校庆排练的话剧《蔡元培》是否会以全新的风格出现在舞台上,大家都拭目以待。

师出无名——谓出兵而无正当理由。泛指做某件事缺乏正当的理由。★她小学和初中都是在很普通的学校里上的,虽然师出无名,但今天她却成了这一领域中的杰出人才。

师心自用——师心,原指心领神会不拘于成法。现形容固执己见,自以为是。贬义词。易误用为"善于学习借鉴,为我所用"。★在学习上也是这样,吃别人嚼过的馍不香,要善于动脑筋,师心自用,才能学深学透。

是古非今——是,肯定。非,否定。肯定古代否定现代。不能理解为"是古代而非现代"。

是可忍孰不可忍——对人的重大罪行不可容忍,极度愤慨。不能用于自然灾害。★今夏洪水肆虐,淹没无数的城镇和大片的粮田,是可忍孰不可忍,我们必须精诚团结,战胜洪魔。

闪烁其词——烁,读shuò。指说话稍微露出一点想法,但不明确。也形容说话躲躲闪闪,吞吞吐吐。

少不更事——更(gēng),经历。年纪轻,经历的事情不多。

适逢其会——恰巧碰到那个时机。

食言而肥——形容为了自己占便宜而说话不算数,不守信用。★银广夏两年多虚报利润7亿多,当庄家和公司联手把散户的钱吸进黑洞,大饱私囊后,其股价从74元狂泻到两元多,他们这种食言而肥的行径,令多少散户血本无归。

水落石出——原形容景色清明。后用以比喻事情的真相大白。★遇到不明白的地方,他就及时向老师请教,非要弄个水落石出才会满意。(用词程度太重)

山穷水尽——山和水都到了尽头,前面再没有路可走了。比喻陷入绝境。★不管是谁说的,我们必须查它个山穷水尽才是。(可改成"水落石出")

色厉内荏——外表强硬而内心怯懦。★王老师平时讲话严厉,其实色厉内荏,对后进生心肠可软了。

审时度势——审,详查细究。度(duó),估计。全面地观察、研究现状,正确地估计形势。

深孚众望——孚(fú),使人信服。深得众人的信服。

深谋远虑——计谋周详,考虑深远。★他懂得,建造一座大桥是百年大计,必须精心设计;要拿出一个好设计来,需要有一个深谋远虑的过程。("深谋远虑"不修饰"过程",可改为"深思熟虑"。)

手不释卷——释,放下。形容勤勉好学或读书入迷。★老杨一天到晚地写作,手不释卷,一写就是几万字。

尸位素餐——形容空占着职位,不做事而白吃饭。也用于自谦,表示没做什么事情。

舍本逐末——做事不从根本上着手,而在枝节上用功夫。★有人说,生活水平提高了,生产就会提高,这是舍本逐末的说法。实际是生产提高了,生活才能提高。

时乖命蹇——乖,不顺。蹇(jiǎn),不顺利。时机不准,命运不好。

数典忘祖——数,读shǔ。数说礼制掌故,却把自己的祖先忘了。比喻忘本。现也用以指对本国历史的无知。

数见不鲜——数(shuò)，屡次。鲜，新杀的鸟兽。经常来的客人就不宰杀禽畜招待。原意是常到别人家去就惹人讨厌。后来形容事物经常见到，并不新奇。

硕大无朋——朋，比。大得没有可以相比的，形容巨大无比。

素昧平生——昧，不明白，不了解。平生，从来。指彼此向来不认识。

失之交臂——交臂，擦肩而过。形容遇到极好的机会而又当面错过。

失之东隅，收之桑榆——东隅(yú)，指日出的东方。桑榆，傍晚日影落在桑榆树梢，指黄昏。比喻在这边失败了，在那边却得到了胜利。

生杀予夺——生，让人活。杀，叫人死。予，给予。夺，剥夺。现指反动统治者横行霸道，对人民的生命财产随意处置。

生灵涂炭——生灵，指百姓。涂炭，泥沼和炭火，比喻困苦。形容在反动统治下，广大人民处于极端困苦的境地。★假如江西萍乡爆炸案不是因为几十条生灵涂炭，惊动了国务院领导，也许有人还会轻描淡写，掩盖事故真相。

司空见惯——司空，古代官名。形容常见之事，不足为奇。

耸人听闻——故意说夸大或惊奇的话，使人震惊。他们炮制这些耸人听闻的谣言，显然是别有用心的。(不能与"骇人听闻"混淆)

甚嚣尘上——形容对传闻之事议论纷纷。现多指某种言论十分嚣张，多含贬义。★久不住人的房间到处是灰尘，那么多人拥进去蹦蹦跳跳的，直搞得甚嚣尘上。

死得其所——指死得有价值，有意义。褒义词。★昨天上午，三名罪大恶极的犯罪分子被执行枪决，群众拍手叫好，认为他们死得其所。

身临其境——亲自到了那个地方。形容感受深切。★只要你能身临其境为我想一想，你就会同情我的处境，不

会对我这样求全责备了。(用"设身处地"为好)

设身处地——设,假设,设想。处,置身。设想自己处在别人的地位。指替人着想。★只要你设身处地,到抗洪抢险第一线去,你就不能不为我们子弟兵那种舍己为人的精神所感动。(用"身临其境"为好)

古诗欣赏

冬之韵

【原诗】

冬 歌

《子夜四时歌》

寒云浮天凝,积雪冰川波。

连山结玉岩,修庭振琼柯。

【品悟】

这是选自《子夜四时歌》"冬歌"中的一首,"寒云浮天凝,积雪冰川波",不仅是严格的对仗,而且是鲜明的对比意象。雪,是寒冷的,也是轻盈的、柔软的,故作者用"波"字,使"雪"的意象似乎是凝固了的水的波浪。"连山结玉岩,修庭振琼柯"是描写雪下得很大。连绵群山,千里素裹,完全成了银色世界。

诗从天写到地,从河写到山,从原野写到庭院,处处都是"雪",世界似乎只剩下了一个字"雪"。

在纷繁复杂的社会中,承受过人世俗沧桑的人们,对纯洁与安静,永远怀着深沉的热爱,本诗的艺术力量大约就在这里。

【关键词】

内容上:冬天雪景

手法上:动静结合

经典诵读

将 材

诸葛亮

【原文】

夫将材有九。道之以德,齐之以礼,而知其饥寒,察其劳苦,此之谓仁将。事无苟免,不为利挠,有死之荣,无生之辱,此之谓义将。贵而不骄,胜而不恃,贤而能下,刚而能忍,此之谓礼将。奇变莫测,动应多端,转祸为福,临危制胜,此之谓智将。

进而厚赏,退有严刑,赏不逾时,刑不择贵,此之谓信将。足轻戎马,气盖千夫,善固疆场,长于剑戟,此之谓步将。登高履险,驰射如飞,进则先行,退则后殿,此之谓骑将。气凌三军,志轻强虏,怯于小战,勇于大敌,此之谓猛将。见贤若不及,从谏如顺流,宽而能刚,勇而多计,此之谓大将。

【译文】

根据不同的将帅不同的才干,可以把将帅分为九种类型:一是用自己的德行教育部下,用礼法规范部下的行动,对部下关怀备至,问寒问暖,与部下同甘共苦,这种将帅是仁将。二是做事能不只图眼前消灾去难,还有长远打算,一丝不苟,不被利益所诱惑,宁愿为荣誉献身,也不屈辱求生,这样的将帅是义将。三是身居高位但不盛气凌人,功绩卓著又不骄傲自大,贤德而不清高,谦让比自己地位低的人,个性刚直又能包容他人,这样的将帅是礼将。四是运用战术高深莫测,足智多谋,身处逆境能转祸为福,面临危险又能逢凶化吉,这样的将帅是智将。五是忠诚信实,对有功之人以重赏,对有过之人以重罚,赏罚分明,奖赏时不拖延,惩罚时不管对方的地位高下,这样的将帅是信将。六是身手矫捷,冲锋陷阵时快如战马,气概豪壮,斗志昂扬能胜千夫,善于保卫国家,又擅长剑戟,这样的将帅是步将。七是能攀高山,走险地,驰马如风,身先士卒,锐不可当,撤退时在队伍后面抵挡敌兵掩护他人,这样的将帅是骑将。八是气盖三军,所向无敌,对小的战役小心谨慎不马虎,面对强大的敌人则愈战愈勇,这样的将帅是猛将。九是遇见贤者虚心请教,对别人的意见从谏如流,能广开言路,待人宽厚又不失刚直,勇敢果断又富于计谋,这样的将帅是大将。

名言名句

论语名句——谈吐篇

●子曰:巧言令色,鲜矣仁。"(学而·第一)

——孔子说:"花言巧语,伪善的面貌,这种人中很少有仁慈的人。"

●子曰:"辞达而已矣。"(卫灵公·第十五)

——孔子说:"言谈或文章只要能表达心里所想的就行了,(不必在形式上过分修饰)。"

●子曰："巧言令色足恭，左丘明耻之，丘亦耻之。匿怨而友其人，左丘明耻之，丘亦耻之。"（公冶长·第五）

——孔子说："花言巧语，装出和颜悦色，摆出十足地恭敬，左丘明认为这种人可耻，我也认为可耻。把怨恨装在心里，表面上却装出友好的样子，左丘明认为这种人可耻，我也认为可耻。"（注：左丘明，鲁国史学家，和孔子同一时代。）

●子曰："君子喻于义，小人喻于利。"（里仁·第四）

——孔子说："君子张口时时晓谕别人什么是道义，小人张口闭口谈的都是有没有利益可图。"

●子曰："古者言之不出，耻躬之不逮也。"（里仁·第四）

——孔子说："古代人不轻易表态，不轻易许诺，因为他们以自己说了而做不到为可耻。"

●宰予昼寝，子曰："朽木不可雕也，粪土之墙不可杇也，于予与何诛！"子曰："始吾于人也，听其言而信其行；今吾于人也，听其言而观其行。于予与改是。"（公冶长·第五）

——宰予白天睡觉。孔子说："腐朽的木头无法雕刻，粪土垒的墙壁无法粉刷。对于宰予这个人，责备还有什么用呢？"孔子说："起初我对于人，是听了他说的话便相信了他的行为；现在我对于人，听了他讲的话还要观察他的行为。在宰予这里我改变了观察人的方法。"

●子不语怪、力、乱、神。（述而·第七）

——孔子不主张谈论怪异、暴力、变乱、鬼神等不合常理的事情。

●子曰："故君子名之必可言也，言之必可行也。君子于其言，无所苟而已矣。"（子路·第十三）

——孔子说："有德才的人确立一件事情一定有他可依据的道理，符合道理的事情也就必然施行。所以君子对于自己的言行，是一点也不能马虎的。"

●子曰："夫人不言，言必有中。"（先进·第十一）

——孔子说："有修养的人不轻易发表见解，一旦发表评论就要一针见血地直指要害。"

二一

晓风晨语

● 吹嘘自己有知识的人,等于在宣扬自己的无知。
● 言过其实,终无大用。 知识愈浅,自信愈深。

常见多音字

T

趿拉 tā	鞭挞 tà	叨光 tāo
熏陶 táo	体己 tǐ	孝悌 tì
倜傥 tì tǎng	恬静 tián	殄灭 tiǎn
轻佻 tiāo	调皮 tiáo	妥帖 tiē
请帖 tiě	字帖 tiè	恸哭 tòng
如火如荼 tú	湍急 tuān	颓废 tuí
蜕化 蜕变 tuì	囤积 tún	拖沓 tà
剔除 挑剔 tī	荼毒生灵 tú	臀部 tún
唾手可得 tuò		

常见词语

T

他山之石	太平盛世	泰然处之	泰然自若
泰山压顶	贪得无厌	贪官污吏	贪生怕死
贪赃枉法	谈笑风生	谈虎色变	谈天说地
弹冠相庆	袒胸露背	叹为观止	探头探脑
探囊取物	堂堂正正	堂而皇之	棠棣之花
糖衣炮弹	螳臂当车	滔滔不绝	滔天大罪
逃之夭夭	讨价还价	提心吊胆	桃李满天下
啼笑皆非	体无完肤	天长地久	天崩地裂
天崩地坼	天翻地覆	天高地厚	天经地义
天罗地网	天马行空	天网恢恢	天衣无缝

甜言蜜语	挑肥拣瘦	挑拨离间	天字第一号
跳梁小丑	体贴入微	铁证如山	铁树开花
铁石心肠	听天由命	听其自然	亭亭玉立
亭榭楼阁	停滞不前	挺身而出	投机倒把
同甘共苦	同舟共济	同心同德	投桃报李
投笔从戎	投机取巧	醍醐灌顶	挑拨是非
铜墙铁壁	童颜鹤发	突如其来	突飞猛进
统筹兼顾	痛改前非	痛定思痛	痛不欲生
偷梁换柱	偷工减料	头头是道	提纲挈领
头重脚轻	蹚水过去	恬不知耻	图穷匕见
徒有虚名	涂脂抹粉	土豪劣绅	土生土长
土崩瓦解	拖泥带水	脱胎换骨	脱口而出
脱颖而出	吐故纳新	兔死狐悲	兔死狗烹
推陈出新	推波助澜	推心置腹	颓垣断壁
退避三舍	铤而走险	唾手可得	通宵达旦
通货膨胀	通宵不眠	通权达变	通风报信
条分缕析	调三窝四	调嘴学舌	添枝加叶
淘汰赛	捅娄子	凸透镜	拓荒者
铁饭碗	天文学	天晓得	天主教
替罪羊	体育场	甜丝丝	

比比看看

T

特长　专长

特长:特别擅长的技能或特有的工作经验。专长:专门的学问技能或特长。

题材　体裁

题材:作品的材料内容,素材,选材。体裁:作品的表现形式,如小说、诗歌、戏剧等。

提词　题词

提词:给演员提示台词。题词:写一段话表示纪念或勉励。

体形　体型

体形:身体形状,如体形匀称。体型:身体类型,如特殊体型。

体恤　体察

体恤:设身处地地为人着想,给予同情、照顾。体察:体验和观察。

剔除　排除

剔除:把不合适的去掉。排除:除掉,消除。

调节　调解

调节:从数量上或程度上调整,使适合要求。调解:劝说双方消除纠纷。

调节　调剂

调节:从数量上或程度上调整,使适合要求。调剂:把多与少、忙与闲等加以适当的调整。

停止　停滞

停止:不再进行。停滞:受阻碍而不能顺利发展,如停滞不前。

提名　题名

提名:被定为候选人。题名:写上姓名。

体察　体验　体会　体味

体察:指体验观察。体验:指用实践来认识周围的事物。体会:指体验领会。体味:指仔细体会。

统帅　统率

统帅:名词,统率武装力量的领导人。统率:动词,统辖率领,如统率全军。

突然　果然

突然:在短促的时间里发生,出乎意外。果然:表示事实与所说或所料相符。

推托　推脱

推托:借故拒绝,侧重拒绝的行为。推脱:推卸责任、错误等,侧重推的结果。

退化　蜕化

退化:功能减退,由优变劣。蜕化:指虫类脱皮,比喻腐化堕落,如蜕化变质。

推求　推敲

推求:根据已知的条件或因素探索(道理、意图等)。推敲:比喻斟酌字句,反复琢磨。

推广　推行

推广:扩大事物使用的范围。推行:普遍实行。

推测　推断

推测:根据已经知道的事情来想象不知道的事情。推断:推测,断定。

成语积累

(★表示错误用法)

T

弹冠相庆——掸去帽子上的灰尘,表示庆贺。某人当了官或升了官,他的同伙相互庆贺也将有官可做,比喻作好做官的准备。含贬义。★1.当中国女排捧回冠军奖杯时,举国弹冠相庆,无不佩服陈忠和教练的坚韧和勇气。★2.今年学校又新建住房4栋,"五一"前后又有一百二十六名青年教师将乔迁新居,个个都弹冠相庆。★3.小王当上班长的消息公布后,他的好友激动不已,弹冠相庆。

谈笑自若——多指在紧张或危急情况下,说说笑笑,和平常一样。★入夜,月色溶溶,水天寥廓,我们或坐在树下谈笑自若,或坐在船上叩舷高歌,或立于小石桥上对月凝思。(这里应用"谈笑风生")

投桃报李——他送给我桃儿,我以李子回赠他。比喻相互赠答,礼尚往来。除非特意幽默,不表示报复。植物也有"喜怒哀乐",养植物跟养宠物一样,对它经常给予关爱,让它"心绪"良好,它就会投桃报李,令你心旷神怡。

头角峥嵘——头角,比喻青年人显露出来的才华。峥嵘,特出的样子。形容年轻有为,才华出众。那时头角峥嵘际,揽海翻江上九天。

桃李不言,下自成蹊——蹊(xī),小路。桃树、李树不向人打招呼,树下自然走成一条道。比喻只要为人真诚、忠实,就能感动别人。

叹为观止——观止,看到了止境。赞叹看到的事物好到了极点。★湖北省某村为迎接上级扶贫检查,把几个村的羊群集中到一起,以其规模效益骗取扶贫资金,其手段之恶劣,令人叹为观止。

醍醐灌顶——醍醐(tí hú),酥酪上凝聚的油。佛教比喻以智慧灌输与人,使人得到启发。后来比喻感到清凉舒适。★歌咏比赛成绩公布,张莉听到自己惨遭淘汰的消息,如醍醐灌顶,站在那里憋了半天气。

投鼠忌器——比喻做事有顾忌,不敢放手干。

探囊取物——探囊,摸口袋。掏口袋取东西。比喻事情极易办成。★他们对许多问题都是摸清来龙去脉,先探索规律再作研究,做到探囊取物。

忝列其中——谦词,表示辱没他人,自己有愧。★我市五篇学生习作光荣入选,听说贵校有一篇就忝列其中。

同日而语——日,时日。同时来讲。比喻同样看待,一概而论。★在拍摄大片动辄耗资过亿的今天,该剧组仅用了200多万元就拍出了一部极具观赏性的电影,其意义不可同日而语。

痛心疾首——痛心,悲愤到极点。疾首,头疼。形容痛恨到极点。★张大爷是个通情达理的人,对儿子因车祸致残这件痛心疾首的事,他已经想好了解决的办法。

古诗欣赏

冬之韵

【原诗】

冬 柳

唐 陆龟蒙

柳汀斜对野人窗,
零落衰条傍晓江。
正是霜风飘断处,
寒鸥惊起一双双。

【注释】

柳汀(liǔ tīng),柳树成行的水边平地。

一双双:一双又一双。

【品悟】

写诗,不仅立意构思应该新奇别致,题材也不能袭故蹈常。历来的诗人们在歌咏姹紫嫣红的春花时,总忘不了对春柳的赞颂,但却很少有人写冬柳。陆龟蒙这首诗则不然,他不去写春柳千丝万缕,藏莺飞絮,而是写在寒风中零落枯槁的冬柳,把它刻画得十分生动、形象。一、二句写柳的地理位置和衰落形态,是静景。三、四句转而写动景:霜风过处,一节节枯枝断落下来,一对对鸥鸟惊叫而起。一首仅有四句的小诗,不但能够描绘出一幅鲜明的画面,而且还能使人品味出寒风中柳枝折断、水鸟惊起的不同声响,确实值得一读。

【关键词】

内容上:冬天的柳树

手法上:动静结合

经典诵读

论 交

诸葛亮

【原文】

势利之交,难以经远。士之相知,温不增华,寒不改叶,能四时而不衰,历险夷而益固。

【译文】

建立在权势和名利之上的交往,是难以持久的。有修养的人之间彼此深交而心息相通时,就好比花木,温暖时也不会多开花,寒冷时也不会改变叶子的颜色,能够经历一年四季而不衰败,经历艰险日益牢固。

名言名句

论语名句——待人篇

●子曰:"老者安之,朋友信之,少者怀之。"(公冶长·第五)

——孔子说:"(我的志向是)让天下的老年人都得到安养,让天下的朋友都相互信任,让天下的年轻人都有抱负,得到关怀。"

●子曰:"三人行,必有我师焉。择其善者而从之,其不善者而改之。"(述而·第七)

——孔子说:"三个人一起走路,其中必定有人可以做我的老师。我选择他的优点去学习,看到他的缺点就作为借鉴,改掉自己的缺点。"

●子贡曰:"我不欲人之加诸我也,吾亦欲无加诸人。"(公冶长·第五)

——子贡说:"我不愿别人把他的一些意愿强加在我的身上,我也不愿意把自己的意愿强加在别人身上。"

●君子敬而无失,与人恭而有礼,四海之内,皆兄弟也。"(颜渊·第十二)

——君子只要对待所做的事情严肃认真,不出差错,对人恭敬而合乎于礼节,那么,天下到处都有志同道合的好兄弟。

●子曰:"爱之,能勿劳乎? 忠焉,能勿诲乎?"(宪问·第十四)

——孔子说:"爱他,能不为他操劳吗? 忠于他,能不对他劝告吗?"

●爱之欲其生,恶之欲其死。(颜渊·第十二)

——普通人性中都有这样一个缺点:爱一个人时,就希望他长生不老,永远在一起;厌恶起一个人,又恨不得他立刻死去。

●子曰:"三军可夺帅也,匹夫不可夺志也。"(子罕·第九)

——孔子说:"一国军队,可以夺去它的主帅而使其溃散;但一个普通人却不可以强制他背弃自己的人格和道德信仰。"

●子曰:"忠告而善道之,不可则止,毋自辱也。"(颜渊·第十二)

——孔子说:"忠诚地劝告他,恰当地引导他,如果他还不听也就罢了,不要自取其辱。"

●君子周急不济富。(雍也·第六)

——君子只是雪中送炭,不去锦上添花。

●子温而厉,威而不猛,恭而安。(述而·第七)

——孔子给学生的印象是温和而又严肃,威严而不凶狠,庄重而又安详。

●子曰:"以直报怨,以德报德。"(宪问·第十四)

——孔子说:"用正直、正义的行为去对付仇怨;用善良、恩德的行为去回报善良、恩德。"

●子曰:"可与言而不与之言,失人;不可与言而与言,失言。知者不失人,亦不失言。"(卫灵公·第十五)

——孔子说:"可以给他以忠告的时候,却不告诉他,这就是失掉了朋友；不可以告诉他一些事情的时候，却轻率地告诉他，这就是说错了话。有智慧的人既不失去朋友，又不说错话。"

二二

● 讷讷寡言者未必愚,喋喋利口者未必智。

● 宽阔的河平静,博学的人谦虚。 秀才不怕衣衫破,就怕肚子没有货。

W

逶迤 wēi yí	违反 wéi	崔嵬 wéi
冒天下之大不韪 wěi	为虎作伥 wèi chāng	
龌龊 wò chuò	斡旋 wò	深恶痛绝 wù
女娲 wā	蜿蜒 wān	虚与委蛇 wēi yí
萎靡 wěi	逶迤 wēi	伪造 wěi
猥亵 wěi xiè	紊乱 wěn	倭寇 wō
侮辱 欺侮 wǔ	芜杂 荒芜 wú	瓦刀 wà
尾巴 wěi	尉官 wèi	

W

剜肉补疮	挖空心思	瓦釜雷鸣	歪门邪道
歪打正着	歪风邪气	完美无缺	完璧归赵
玩物丧志	玩世不恭	玩火自焚	枉费心机
顽石点头	顽固不化	婉言谢绝	万古流芳
万事亨通	万紫千红	万寿无疆	万念俱灰
万籁俱寂	万古长青	万马奔腾	未雨绸缪
万事大吉	万无一失	亡羊补牢	亡命之徒
妄自尊大	妄自菲薄	忘恩负义	忘年之交
忘乎所以	望而生畏	望风披靡	望尘莫及
望子成龙	望梅止渴	望洋兴叹	危言耸听

危如累卵	威风凛凛	微不足道	为国捐躯
为非作歹	为人师表	为所欲为	为虎作伥
为虎傅翼	为民请命	为富不仁	唯唯诺诺
唯利是图	违法乱纪	围魏救赵	围城打援
惟妙惟肖	尾大不掉	委曲求全	萎靡不振
味同嚼蜡	畏首畏尾	蔚然成风	蔚为壮观
文质彬彬	文武双全	文不加点	文房四宝
文过饰非	文恬武嬉	闻风丧胆	闻鸡起舞
纹丝不动	刎颈之交	稳扎稳打	问心无愧
问寒问暖	问长问短	瓮声瓮气	瓮中之鳖
瓮中捉鳖	温情脉脉	温故知新	温文尔雅
我行我素	卧薪尝胆	屋上架屋	握手言和
乌烟瘴气	乌合之众	乌七八糟	无价之宝
无法无天	无地自容	无动于衷	无独有偶
无边无际	无礼谩骂	无耻谰言	五彩缤纷
五花八门	五颜六色	五光十色	五体投地
舞文弄墨	物极必反	物华天宝	物换星移
物以类聚	物伤其类	戊戌变法	呜呼哀哉
哇哇叫	忘年交	卫生球	文字狱
乌纱帽	无理数	武工队	五线谱
无底洞	微积分	武术馆	威士忌

比比看看

W

微辞　微言

微辞:隐晦的批评。微言:精微的语言。

违反　违犯

违反:指不符合(法则、规程等)。违犯:指违背和触犯(国法等)。

萎缩　畏缩

萎缩:指身体草木等干枯,也指经济衰退。畏缩:指因害怕而不敢向前。

委曲　委屈

委曲:(1)曲折,如河流委曲;(2)事情的底细。委屈:受到不应有的待遇而心里难过。

未免　难免

未免:表示对某种过分的情况不以为然,侧重于评价。难免:表示客观上不容易避免。

无礼　无理

无礼:如傲慢无礼、怠慢无礼。无理:如无理取闹、无理拖延、无理摧残。

误解　曲解

误解:不正确的理解。曲解:错误地解释客观事实或别人的愿意(多指故意地)。

毋庸置疑　无可辩驳

毋庸置疑:指毫无疑问。无可辩驳:侧重于争辩、批驳。

成语积累
（★表示错误用法）

W

妄自菲薄——毫无根据地看轻自己。指自轻自贱。★我们不应妄自菲薄自己的成绩，也不应轻易满足自己的成绩。

文不加点——写文章很快,不用涂改就写成。形容文思敏捷,写作技巧纯熟。点,涂上一点,表示删去。不能理解为加标点。★1.经过王老师的大力帮助,我终于改正了文不加点的毛病。★2.很少有人知道,他最近出了一本文不加点,几乎无注释,读起来很累人的书。

文恬武嬉——恬(tián),安适。嬉(xī),戏乐。形容文武官员只知贪图安乐,不把国家大事放在心上。

文过饰非——文、饰,掩饰。以种种理由或借口来掩饰自己的过失、错误。

闻过则喜——听到别人指出自己的过失就高兴。形容虚心接受意见。

惟妙惟肖——惟,语气助词。形容刻画或描摹得非常逼真。★那林立的大石,千态万状,有的像卧虎,有的像奔马,无不惟妙惟肖。(不能形容自然界的东西)

万人空巷——家家户户的人都从巷子里出来了, 多用于形容庆祝、欢迎等盛况。★这部精彩的电视剧播出时，几乎万人空巷，人们在家里守着荧屏，街上显得静悄悄的。

万籁俱寂——万籁，自然界万物发出的各种声音。形容周围环境十分宁静。★号声一响，连长一声"立正"，如潮似浪、热火朝天的操场，顿时万籁俱寂。(人声、号声的消失不能用这个词语)

无所不为——没有什么不干的，指什么坏事都干。★这些年轻的科学家决心以无所不为的勇气，克服重重困难，去探索大自然的奥秘。(褒贬误用)

无所不至——没有达不到的地方。现多形容坏人到处干坏事或所有的坏事都做到了。★1.老师无所不至地爱护我们，我们再不好好学习，真是说不过去啊！★2.鲁迅先生对于友人，尤其对于青年，爱护无所不至，不但尽心竭力，还常主动帮忙。(改"无微不至"为宜)

无所用心——不动脑筋，什么事情都不会做。贬义。★我只关心我的教学工作，至于人际关系学，我却是无所用心，一窍不通。

无动于衷——衷，内心。指对应该关心注意的事情不关心，置之不理。★这孩子，基础不太好，读书又无动于衷，这样的学习态度，怎能指望他的成绩会提高呢？

无出其右——指没有超过他的。★他的技术糟糕透了，在全厂无出其右，只好下岗。

无可非议——非议，批评，不赞成。没有什么可以指责的。

无可厚非——厚，过分的。没有必要加以过分的指责。用于有一定小问题的人或事。★这部小说的构思既精巧又严密，真是无可厚非。

尾大不掉——掉，摇动。尾巴太大就不好摇动。比喻部下势力强大，不听从调动指挥。现在也比喻机构庞大，指挥不灵。★这家银行的资金投在建筑上太大，问题一发生，当然就尾大不掉，很难应付用户需求。

蔚为大观——蔚，荟萃，聚集。汇聚成盛大壮丽的景象。★1998

年,高科技农业园区兴起之初,记者曾走访了一些园区,见到黄皮红西瓜、盛开的玫瑰、非洲橘等,品种繁多,蔚为大观。

为渊驱鱼,为丛驱雀——原比喻反动统治者施行暴政,老百姓逃亡别国。现比喻不善于团结人,把本来可以争取过来的人赶到对方那边去了。

望风披靡——披靡,草木随风倒伏的样子。草一遇到风就倒伏,比喻为强大势力所压倒,或为敌人气势所震慑,未触即溃。★侵略者以为他们的精锐军队一出动,就可以纵横驰骋,望风披靡。不料事情却使他们大失所望。(与"纵横驰骋"矛盾)

望其项背——能够望见别人的颈项和脊背,表示赶得上或比得上。★成都五牛俱乐部一二三线球队请的主教练及外援都是清一色的德国人,其雄厚财力令其他甲B球队望其项背。

望尘莫及——形容远远落后。也常用作表示对人敬佩的自谦之词。★责任编辑说:"我敢对文字部分负责,至于出书的其他环节,就望尘莫及了。"

忘乎所以——多形容因骄傲自满而得意忘形。★他们奋不顾身地救火,火烧着了头发,烧灼了皮肉,但他们忘乎所以,直到把火扑灭为止。

未雨绸缪——绸缪(chóu móu),修好门窗。比喻事先做好准备。★1.今年春天,中国北方出现了多次沙尘暴天气,其主要原因是我们未雨绸缪,植被大面积遭到破坏。2.今年头场雪后城市主干道上都没有发生车辆拥堵现象,在这种秩序井然的背后,包含着交通部门未雨绸缪的辛劳。

微言大义——精微的语言中包含的深刻的意义。

温文尔雅——形容人的态度温和、举止文雅。现在有时指做事不大胆泼辣。

危如累卵——危险得像摞起来的蛋那样,比喻非常危险。

危在旦夕——旦夕,早晚,指很短的时间之内。危险就在眼前。

危言耸听——危言,叫人吃惊的话。耸,惊动。故意说吓人的话,让人听了害怕。

危言危行——危,正。讲正直的话,做正直的事。★美国在台湾问题上的危言危行,只能搬起石头打自己的脚。

韦编三绝——韦编,古代用竹简写书,用熟牛皮绳把竹简编联起来。韦,熟牛皮。三,多次。编联竹简的牛皮绳断了多次。形容勤奋读书。

五花八门——比喻花样繁多或变幻多端。

玩物丧志——只顾玩赏所喜好的东西,因而消磨掉志气。★老师批评他说:"你玩电子游戏机,这是玩物丧志的表现。"

玩火自焚——比喻自食其果。

舞文弄墨——歪曲法律条文作弊;玩弄文字技巧。有贬义。★他本来就喜欢舞文弄墨,再加上这两年的苦练,如今成了全县闻名的"笔杆子"。

古诗欣赏

冬之韵

【原诗】

夜 雪

唐 白居易

已讶衾枕冷,复见窗户明。

夜深知雪重,时闻折竹声。

【注释】

讶:惊讶。衾:被子。

"雪重"二句:言竹枝不胜雪压,时有断裂。

【品悟】

这首诗只有二十个字,但写得并不平直呆板。诗人不从正面描绘夜寒雪大,而是采取烘托陪衬的手法。首句写"衾枕冷",不仅"冷"是写雪,"讶"也是在写雪,人之所以起初浑然不觉,待寒冷袭来才忽然醒悟,皆因雪落地无声,这就于"寒"之外写出雪的又一特点。次句写"窗户明",这是视觉。这一"感"一"视",不仅写出了雪夜的寒冷和夜雪的皎洁,而且写出了诗人举目外瞧的动作和神态。三、四句写雪压竹断的声音传到屋里。"时闻",既说明竹折不止一枝,从而表现雪"重",同时也说明不眠的诗人一直关心着雪势和竹情。

【关键词】

内容上:冬天夜寒雪大

手法上:烘托 陪衬

大 同

《礼记·礼运》

【原文】

大道之行也,天下为公。选贤与能,讲信修睦,故人不独亲其亲,不独子其子,使老有所终,壮有所用,幼有所长,鳏寡孤独废疾者,皆有所养。男有分,女有归。货,恶其弃于地也,不必藏于己;力,恶其不出于身也,不必为己。是故,谋闭而不兴,盗窃乱贼而不作,故外户而不闭,是谓大同。

【译文】

大道实行的时代,天下是属于公众的。选拔道德高尚的人,推举有才能的人。讲求信用,调整人与人之间的关系,使它达到和睦。因此人们不只是敬爱自己的父母,不只是疼爱自己的子女。使老年人得到善终,青壮年人充分施展其才能,少年儿童有使他们成长的条件和措施。老而无妻者、老而无夫者、少而无父者、老而无子者,都有供养他们的措施。男人有职分,女人有夫家。财物,人们厌恶它被扔在地上(即厌恶随便抛弃财物),但不一定都藏在自己家里。力气,人们恨它不从自己身上使出来(即都想出力气),但不一定是为了自己。因此奸诈之心都闭塞而不产生,盗窃、造反和害人的事情不会出现,因此不必从外面把门关上。这是高度太平、团结的局面。

论语名句——处世篇(上)

●子曰:"苟志于仁矣,无恶也。"(里仁·第四)

——孔子说:"如果立志于仁,就不会做坏事了。"

●子曰:"仁者先难而后获,可谓仁矣。"(雍也·第六)

——孔子说:"仁德的人总是先心甘情愿地做一些事,然后获得相应的报酬(不图利益,只求对社会有益),这样可以说是仁了。"

●子曰:"临之以庄,则敬;孝慈,则忠;举善而教不能,则劝。"(为政·第二)

——孔子说:"那些领导人,如果你用庄重的态度对待老百姓,他们就会尊敬你;如果你对父母孝顺、对子弟慈祥,百姓就会尽忠于你;如果你能弘扬社会上的善良正义行为、教化不良的习气又能教育能力差的人,百姓就会互相勉励,加倍努力了。"

●子曰:"笃信好学,守死善道,危邦不入,乱邦不居。天下有道则见,无道则隐。邦有道,贫且贱焉,耻也;邦无道,富且贵焉,耻也。"(泰伯·第八)

——孔子说:"坚定信念、努力学习,誓死守卫与人为善的大道。不进入政局不稳的国家,不居住在动乱的国家。政治清明就出来为国家办事,政治昏暗就隐居不出。国家有道政治清明而自己过着贫贱低下的生活,这是耻辱的;国家无道政治昏暗而自己过着富贵的生活,这也是耻辱的。"

●子曰:"躬自厚而薄责于人,则远怨矣。"(卫灵公·第十五)

——孔子说:"身体力行,肩负道德重任而少责备别人,那就可以避免别人的怨恨了。"

●子曰:"人而无信,不知其可也。大车无輗,小车无軏,其何以行之哉?"(为政·第二)

——孔子说:"做人,假如不讲信用,就不知道他可以做成功什么。正如以牛驱动的车驾,没有了辕端横木;以马驱动的车驾,少了车辕挂钩一样,缺少了重要的连接,它靠什么行走呢?"

●子曰:"成事不说,遂事不谏,既往不咎。"(八佾·第三)

——孔子说:"对于已经成为既成事实的事情不必再去探讨它,对于已经有了最终结果的事情不必再去分析它,对于以往犯下的小的过失不必再去追究它。"

●子曰:"不患无位,患所以立;不患莫己知,求为可知也。"(里仁·第四)

——孔子说:"不要发愁在社会中没职位和地位,只发愁自己没有任职的本领。不要担心没有知己,去力求使他人知道自己的真正价值。"

●子曰:"奢则不孙,俭则固。与其不孙也,宁固。"(述而·第七)

——孔子说:"奢侈浮夸的生活是不牢靠的,勤俭的生活就比较稳固。"

●子曰:"君子坦荡荡,小人长戚戚。"(述而·第七)

——孔子说:"君子乐观开朗,虚怀若谷;小人经常忧闷愁苦,心胸狭窄。"

●君子敬而无失,与人恭而有礼,四海之内,皆兄弟也。(颜渊·第十二)

——君子做事严肃认真,不出差错;用恭谨的词色,用合乎道德的礼节对待别人。这样就会发现,普天之下,到处都有志同道合的好兄弟。

●子曰:"君子成人之美,不成人之恶。小人反是。"(颜渊·第十二)

——孔子说:"君子成全别人的好事,而不助长别人的恶处。小人则与此相反。"

●子曰:"居处恭,执事敬,与人忠。虽之夷狄,不可弃也。"(子路·第十三)

——孔子说:"在平常的生活中,言行恭敬诚恳,做事尽心尽责,对人有中正之心。坚守这些品德,即使到了一个文明尚未开化的国度,也不可背弃这些品德。"

●子曰:"君子和而不同,小人同而不和。"(子路·第十三)

——孔子说:"君子善良随和但不轻易附和别人的观点,小人只是盲从附和别人却不具备善良随和的品质。"

二三

晓风晨语

●懂得自己无知，说明已有收获。

●学问学问，不懂就问。

●刀钝石上磨，人笨人前学。

常见多音字

X

膝盖 xī	檄文 xí	狡黠 xiá
厦门 xià	纤维 xiān wéi	翩跹 xiān
屡见不鲜 xiān	垂涎 xián	勾股弦 xián
鲜见 xiǎn	肖像 xiào	采撷 xié
叶韵 xié	纸屑 xiè	机械 xiè
省亲 xǐng	不朽 xiǔ	铜臭 xiù
星宿 xiù	吁气 xū	自诩 xǔ
抚恤金 xù	酗酒 xù	煦暖 xù
眩晕 xuàn	炫耀 xuàn	洞穴 xué
戏谑 xuè	驯服 xùn	徇私 xùn
清晰 xī	蜥蜴 xī yì	独辟蹊径 xī
畏葸 xǐ	瑕瑜 xiá	骁勇 xiāo
楔子 xiē	噱头 xué	偕同 xié
挟持 要挟 xié	携手 xié	反省 xǐng
癫痫 xián	混淆 xiáo	心血 xuè
血糊糊 xiě	军饷 xiǎng	体恤 xù
栩栩 xǔ	畜养 xù	功勋 xūn
渲染 xuàn	驯服 xùn	殉职 xùn
削铅笔 xiāo	剥削 xuē	相机 xiàng
相互 xiāng		

X

吸风饮露	息息相关	悉听尊便	惜墨如金
惜老怜贫	稀世珍宝	熙熙攘攘	嘻嘻哈哈
嬉皮笑脸	习以为常	席不暇暖	洗耳恭听
洗心革面	喜上眉梢	喜笑颜开	喜闻乐见
喜出望外	虾兵蟹将	狭路相逢	瑕不掩瑜
瑕瑜互见	仙山琼阁	先发制人	先意承志
鲜为人知	闲言碎语	弦外之音	嫌贫爱富
显而易见	相辅相成	相反相成	相敬如宾
相依为命	相距不远	相形见绌	相亲相爱
相生相克	相忍为国	祥云瑞气	想入非非
想方设法	削铁如泥	削足适履	逍遥法外
销声匿迹	心灰意懒	心狠手辣	心浮气躁
心劳日拙	心慌意乱	心甘情愿	心潮澎湃
心花怒放	欣欣向荣	信口开河	信誓旦旦
星移斗转	腥风血雨	形影不离	形形色色
兴致勃勃	兴高采烈	兴趣盎然	幸灾乐祸
性格粗犷	凶多吉少	胸有成竹	胸无点墨
胸无城府	雄心壮志	雄才大略	休戚与共
休养生息	修桥补路	修旧利废	羞与为伍
羞羞答答	秀外慧中	汹涌澎湃	销赃灭迹
栩栩如生	袖手旁观	循序渐进	旭日东升
循规蹈矩	循循善诱	循名责实	徇私舞弊
轩然大波	悬崖峭壁	行踪诡秘	星罗棋布
修葺一新	向往光明	向隅而泣	旋转乾坤
骁勇善战	学识修养	喧宾夺主	学富五车
雪中送炭	雪上加霜	血口喷人	血海深仇
寻根究底			
吸尘器	雪莲花	雪里蕻	巡洋舰
洗衣机	悬浊液	宣传画	蓄电池
香喷喷	香飘飘	休火山	修辞格

比比看看

X

现实 现时

现实:与理想相对,指客观实际。现时:指当前。

限制 控制

限制:① 动词,规定范围,不许超过;约束。② 名词,规定的范围。控制:动词,掌握住不使任意活动或越出范围。

限制 制约

限制:规定范围,不许超过。制约:指一事物的存在和变化以另一事物的存在和变化为条件,那么,前者就受到后者的制约。

相对 相应

相对是"比较"之义,相应是"呼应"之义。

降伏 降服

降伏:使驯服,主语为使别人顺从的人。降服:驯服、投降,主语为屈服的人。

消失 消逝

消失:侧重于事物现象的不再存在,在变化中历时较短。如只是两颊上消失了血色。消逝:侧重于过去了或不见了,常用于时间。如青春的消逝是很容易的。

萧萧 潇潇

萧萧:风声、马嘶声、草木摇落声。潇潇:风雨急骤或飘落。

泄漏 泄露

泄漏:指专指液体、气体慢慢流出。泄露:指不该让人知道的事情让人知道了。

协调 谐调

协调:形容词,侧重于步调一致,有条不紊;还可以作动词用。谐调:侧重于比例匀称,常用于声音、颜色、气氛等。

协调 协同

协调:配合得适当。协同:各方配合或甲方协助乙方做某件事。

协调 协作

协调:配合得适当,多指抽象的内容。协作:若干人或若干单位互相配合来完成任务,多指具体工作。

性质　本质

性质:一种事物区别于其他事物的根本属性。本质:事物本身所固有的,决定事物性质、面貌和发展的根本属性。

心率　心律

心率:心脏搏动的频率。心律:心脏跳动的节律,如心律不齐。

形迹　行迹

形迹:举止和神色。例如:那人东张西望,神色慌张,形迹十分可疑。行迹:行动的踪迹。例如:这就是那个行迹不定而久未抓到的犯罪嫌疑人。

刑罚　刑法

刑罚:依照刑法对违法者施行的强制处分。刑法:关于犯罪和刑罚的法律。

修养　休养

修养:指提高学识、思想水平。休养:指体力方面的休息调养。

学力　学历

学力:指在学问上达到的程度,凡说"同等学力"一定是"学力"。学历:指学习的经历,指曾在哪些学校毕业或肄业。

迅急　迅疾

迅急:快而急迫。迅疾:仅指速度快。

徇情　殉情

徇情:为情自杀。殉情:照顾私情而违反法律。

成语积累

（★ 表示错误用法）

X

先声夺人——先用强大的声势挫伤敌人的士气以压倒对方。后也用以比喻做事抢先一步。

先入为主——先接受了一种说法或思想,以为是正确的,有了成见,后来就不容易再接受不同的说法或思想。

★每次小组讨论会上,他总是先入为主的发言,并虚心接受大家的意见。

心宽体胖——也说心广体胖。胖(pán),安泰舒适。指有修养的人心胸宽广,体貌也就舒泰、安详。

心劳日拙——做坏事的人费尽心机,却越来越无法得逞,处境一天不如一天。★他又要忙写作,又要忙校对,搞得心劳日拙,终于病倒了。(贬词褒用)

心领神会——不用对方明说,心里领悟其中的意思。也指深刻地领会。

兴高采烈——兴致和情绪都非常高昂热烈。形容十分愉快。★来自科技界的政协委员,兴高采烈地参观了东部区污水净化系统设施。(改为"兴致勃勃"好)

信誓旦旦——旦旦,诚实的样子,形容誓言极其诚挚可信。

信手拈来——随手拿来。多形容写文章时词汇或材料丰富,不必多寻思,就能写出来。★陈师傅是学雷锋的老典型了,一年下来仅在厂区信手拈来的螺丝钉一类,就攒了多半箱。★苏轼的《水调歌头》(明月几时有)信手拈来前人的成果入词,达到了天衣无缝的境地,真是化典入词的范例。

信笔涂鸦——比喻字写得很拙劣,随便乱涂乱画。★大会期间,著名画家石坚先生即席作画,他信手涂鸦,似有神功,在三勾两画之中,一只展翅高飞的雄鹰便跃然纸上。(褒贬误用)

信口雌黄——信,听凭,随意。雌(cí)黄,即鸡冠石,黄赤色,可作颜料。古时写字用黄纸,写错了就用雌黄涂抹再写。比喻不问事实,随嘴乱说。★人家爱听吉祥的言语,我们可不是信口雌黄的媒婆,说不来。

薪尽火传——前一根柴刚烧完,后一根柴已经烧着,火永远不熄。比喻师生传授,学问一代代地流传。经过一代工匠们的努力,这一精湛的传统制陶工艺薪尽火传,并在新时代不断得到发展。

虚张声势——假装出强大的声势。

虚与委蛇——委蛇(yí),应付。对人虚情假意地进行敷衍应酬。

虚怀若谷——形容非常谦虚,能容纳别人的意见。可以表示对别人的敬意,只能对人,不能当谦词用于自己。★我的成功经验,最重要的一条就是做到了海纳百川,虚怀若谷。

洗心革面——洗心,清洗内心的污秽。革面,改变旧面目。比喻彻底悔改。★1.这些强有力的举措使沙河镇的基础设施洗心革面,配套完善。★2.本刊将洗心革面,继续提高稿件的编辑质量,决心向文学刊物的高层次、高水平攀登。

喧宾夺主——喧,大声嚷嚷。客人的声音比主人的还要大。比喻客人占了主人的地位,或外来的、次要的事物占了原有的、主要的事物的地位。★学习是循序渐进的,那种不扎扎实实地学好基础知识就急于做高难度题目的喧宾夺主的做法是不可取的。

相濡以沫——泉水干涸,鱼靠在一起以唾沫相互湿润。后比喻同处困境,相互救助。★他们疼爱孩子,孩子们也孝敬他们,一家人相濡以沫,生活美满幸福。

相敬如宾——指夫妻互相尊敬,如同对待客人一样。★他与张明是大学同班同学,同一个宿舍睡觉,同一个食堂吃饭,彼此相敬如宾,互相帮助。

想入非非——思想上进入虚幻境界,完全脱离实际;胡思乱想;也可形容想法大胆、新奇。★关于金字塔和狮身人面像的种种天真的、想入非非的神话和传说,说明古埃及人有着极为丰富的想象力。

胸有成竹——比喻处理事情心里先有主意,有成算。★下乡前两天,党委又组织参加扶贫的干部认真学习了有关文件,使大家进一步明确政策,做到胸有成竹。

胸无城府——城府,比喻待人处事很有心机。形容待人接物坦率真诚。★现实中,有许多人身居要职,却胸无城府,思想顽固不化,不思改革,甚至阻挠改革。

下里巴人——战国时代楚国的民间歌曲,后来泛指通俗的普及的文学艺术,常跟"阳春白雪"对举。★白居易在地方为官时很注意接近民众,不管是乡间农妇还是下里巴人,他都能谈得来,从他们那里得到了很多创作素材。

细大不捐——小的大的都不抛弃。★当人们纷纷向灾区人民捐钱捐物的时候,你却无动于衷,细大不捐,这样做,不感到羞愧吗?

休戚相关——彼此间祸福互相关联。一般只用于人与人之间。

★1.我们教育工作者应该懂得:发展学生的智力,必须与培养学生的非智力因素结合起来,因为二者是休戚相关、紧密相连的。★2.提高质量对任何一种产品来说都是十分重要的,因为产品的质量与广大群众的利益是休戚相关的。

循序渐进——(学习、工作)按照一定的步骤逐渐深入或提高。

★季节有自己的变化规律,它总是春、夏、秋、冬,循序渐进。

古诗欣赏
冬之韵

【原诗】

逢雪宿芙蓉山主人

唐　刘长卿

日暮苍山远,天寒白屋贫。
柴门闻犬吠,风雪夜归人。

【注释】

逢雪:行路中遇上天降雪。芙蓉山:地名,在今湖南宁乡境内。

苍山:青黑色的山。

白屋:贫家的住所。房顶用白茅覆盖,或木材不加油漆叫白屋。

吠:狗叫。

夜归:夜晚归来。

贫:在这里指少。

【诗意】

夜幕降临,连绵的山峦在苍茫的夜色中变得更加深远。天气寒冷,孤零零的茅屋非常简陋。半夜里一阵犬吠声把我惊醒,原来是有人冒着风雪回家了!

【品悟】

这首诗描绘的是一幅风雪夜归图。第一句点明了时间地点,"日暮"点明时间,正是傍晚。"苍山远",是诗人风雪途中所见。青山遥远迷蒙,暗示跋涉的艰辛,急于投宿的心情。景物开敞,意境宏阔。第二句"天寒白屋贫"点明投宿的地点。"白屋",主人家简陋的茅舍,在寒冬中更显得孤寂。"寒""白""贫"三字互相映衬,渲染孤寂、清白的气氛,也反映了诗人独特的感受。由大而小,从辽远的苍山过渡到一户白屋,在日暮天寒,艰难路远之时,忽见人家,喜悦之情,溢于言表。三、四句写犬吠柴门,主人顶风冒雪而归,紧扣了诗题的"逢雪"和"投宿"。这首诗写得真实动人,情与景浑然天成。

这首诗历来解释不同,主要分歧是在对"归"的理解上。一种意见认为"归"是诗人的来到,诗人在迷漫风雪中忽然找到投宿处,如"宾至如归"一般。另一种意见是芙蓉山主人风雪夜归。关键是诗人的立足点在哪里。前者,诗人是在"白屋"外,在风雪途中;后者,诗人在"白屋"内,或前两句在屋外,后两句在屋内。

【关键词】

内容上:风雪夜归图

手法上:情景交融映衬　渲染

经典诵读

小　康

《礼记·礼运》

【原文】

今大道既隐,天下为家,各亲其亲,各子其子,货力为己,大人世及以为礼。城郭沟池以为固,礼义以为纪:以正君臣,以笃父子,以睦兄弟,以和夫妇,以设制度,以立田里,以贤勇知,以功为己。故谋用是作,而兵由此起。禹、汤、文、武、成王、周公,由此其选也。此六君子者,未有不谨于礼者也。以著其义,以考其信,著有过,刑仁讲让,示民有常。如有不由此者,在埶者去,众以为殃,是谓小康。

【译文】

如今大道已经消失不见,天下成为私家的。人们只敬爱自己的父母,只疼爱自己的子女,对待财务和出力都是为了自己,天子诸侯把父子相传、兄弟相传作为礼制。城外护城河作为防守设施,礼义作为准则:用礼义摆正君臣的关系,使父子关系纯厚,使兄弟关系和睦,使夫妻关系和谐,用礼义来建立制度,来建立户籍,按照礼义把有勇有谋的人当作贤者(因为当时盗贼并起),按照礼义把自己看作有功。因此,奸诈之心由此产生,战乱也由此兴起。夏禹、商汤、周文王、周武王、周成王、周公因此成为三代诸王中的杰出人物,(是按照礼义)从中选拔出来的。这六位杰出人物,在礼义上没有不认真对待的。以礼义表彰他们(民众)做对了事,以礼义成全他们讲信用的事,揭露他们有过错的事,把仁爱定为法式,提倡礼让。以礼义指示人们要遵循固定的规范。如果有不遵循礼义的人,在位的就会被罢免,老百姓把这(不按"礼"行事)当作祸害。这可以称为小小的安定。

名言名句

论语名句——处世篇(中)

●曰:"不怨天,不尤人。下学而上达!"(宪问·第十四)

——孔子说:"我上不埋怨天,下不责备人,研究人类本身,能使我了解很深的道理。"

●子曰:"邦有道,危言危行;邦无道,危行言孙。"(宪问·第十四)

——孔子说:"在一个具备道义的国家里,就有着自由公正的言论和坦率正直的行动;在一个政治黑暗、没有道义的国家里,行为要正直,说话要谨慎。"

●子曰:"君子义以为质,礼以行之,孙以出之,信以成之。"(卫灵公·第十五)

——孔子说:"君子把正义仁德作为自己的人格标准,用合乎道德的礼法去实行它,用谦逊的语言去表达它,用诚信的态度去完成它。"

●有子曰:"礼之用,和为贵。先王之道,斯为美。小大由之。"(学而·第一)

——有子说:"礼仪的作用,贵在能使一切事情变得协调和顺。历朝历代的文化中礼仪都起着美妙无比的作用。但凡大事小事都离不开它。"

●信近于义,言可复也;恭近于礼,远耻辱也。(学而·第一)

——诚实守信就接近于道义,所以他说出的话就一定会兑现;恭敬就接近于礼法,所以就不会招来无端的受辱。

●孔子曰:"益者三友,损者三友。友直,友谅,友多闻,益

矣。友便辟,友善柔,友便佞,损矣。"(季氏·第十六)

——孔子说:"有益的交友有三种,有害的交友有三种。同正直的人交友,同诚信、宽厚、仁义的人交友,同见闻广博的人交友,这是有益的。同怪癖的人或者有特别嗜好的人交友,同善于软弱怯懦、阿谀奉承的人交友,同惯于夸夸其谈、花言巧语的人交朋友,这是有害的。"

●子绝四——毋意,毋必,毋固,毋我。(子罕·第九)

——孔子杜绝了四种弊病:没有主观猜疑,没有盲目武断,没有固执己见,没有唯我独尊。

●子曰:"乡愿,德之贼也。"(阳货·第十七)

——孔子说:"不分是非、没有道德修养的伪君子,就是人类道德的祸害。"

●子曰:"君子易事而难说也。说之不以道,不说也;及其使人也,器之。小人难事而易说也。说之虽不以道,说也;及其使人也,求备焉。"(子路·第十三)

——孔子说:"为君子办事很容易,但很难取得他的欢喜。不按正道去讨他的喜欢,他是不会喜欢的;但是,当他使用人的时候,总是量才而用人。为小人办事很难,但要取得他的欢喜则是很容易的。即使不按正道去讨他的喜欢,也会得到他的喜欢;但等到他使用人的时候,却是求全责备。"

●子游曰:"事君数,斯辱矣;朋友数,斯疏矣。"(里仁·第四)

——子游说:"侍奉君主太过烦琐,就会受到侮辱;对待朋友太烦琐,就会被疏远了。"

●子曰:"道不同,不相为谋。"(卫灵公·第十五)

——孔子说:"信仰不同,追求不同,主张不同,就不能站在共同的思想基础上互相商议。"

●子曰:"不念旧恶,怨是用希。"(公冶长·第五)

——孔子说:"不记人家过去的仇恨,相互的怨恨因此也就少了。"

●子曰:"不得中行而与之,必也狂狷乎!狂者进取,狷者有所不为也。"(子路·第十三)

——孔子说:"我找不到奉行中庸之道的人和他交往,只能与狂者、狷者相交往了。狂者是激进派,敢作敢为,狷者是狷琐派,对有些事是不肯干的。"

●子曰:"人之过也,各于其党。观过,斯知仁矣。"(里仁·第四)

——孔子说:"人们的错误，总是与他所在的那个集团的环境、风气有关。所以,考察一个人所犯的错误来反省自己,这就逐渐靠近仁德的表现了。"

二四

● 试试并非受罪,问问并不吃亏。
● 不听指点,多绕弯弯。 不懂装懂,永世饭桶。

Y

倾轧 yà	揠苗助长 yà	殷红 yān
湮没 yān	筵席 yán	百花争妍 yán
河沿 yán	偃旗息鼓 yǎn	奄奄一息 yǎn
赝品 yàn	佯装 yáng	怏怏不乐 yàng
无恙 yàng	杳无 yǎo	窈窈 yǎo tiǎo
发疟子 yào	耀眼 yào	噎食 yē
揶揄 yé yú	陶冶 yě	呜咽 yè
摇曳 yè	拜谒 yè	笑靥 yè
饴糖 yí	颐和园 yí	迤逦 yǐ lǐ
旖旎 yǐ nǐ	自艾 yì	游弋 yì
后裔 yì	轶事 yì	络绎 yì
造诣 yì	友谊 yì	肄业 yì
熠熠 yì	无垠 yín	荫凉 yìn
应届 yīng	应承 yìng	应用文 yìng
应试 yìng	邮递员 yóu	黑黝黝 yǒu
良莠 yǒu	迂回 yū	隅隙 yú
愉快 yú	不渝 yú	逾越 yú
逾期 yú	娱乐 yú	伛偻 yú lǚ
舆论 yú	不虞 yú	囹圄 yǔ
参与 yù	驾驭 yù	喻教 yù
熨帖 yù	寓意 yù	鹬蚌 yù

鬻杈 yù　　　　残垣 yuán　　　　苑囿 yuàn yòu

头晕 yūn　　　　允许 yǔn　　　　晕船 yùn

酝酿 yūn　　　　睚眦 yá　　　　　梦魇 yǎn

佳肴 yáo　　　　钥匙 yào　　　　锁钥 yuè

翌日 yì　　　　　对弈 yì　　　　　氤氲 yīn yūn

瘐死 yǔ　　　　　莠言 yǒu　　　　囿于 yòu

附庸 yōng　　　　丰腴 yú　　　　　鬼蜮 yù

芫荽 yán　　　　杳冥 yǎo　　　　叶公 Yè

常见词语

Y

鸦雀无声　　哑口无言　　揠苗助长　　偃旗息鼓

烟消云散　　烟雾弥漫　　延年益寿　　严于律己

严阵以待　　言谈诙谐　　言简意赅　　言传身教

言行一致　　言之有物　　言不由衷　　炎黄子孙

沿流溯源　　眼花缭乱　　眼疾手快　　扬眉吐气

扬长而去　　扬长避短　　羊肠小道　　洋洋大观

仰人鼻息　　养尊处优　　养虎为患　　养精蓄锐

压榨平民　　杳无音信　　湮没不闻　　阳奉阴违

依依惜别　　倚门卖笑　　依山傍水　　吆五喝六

妖里妖气　　腰缠万贯　　邀功求赏　　药到病除

要言不烦　　耀武扬威　　野心勃勃　　阳春白雪

阳关大道　　演绎归纳　　一团和气　　夜以继日

夜郎自大　　夜长梦多　　一刀两断　　一尘不染

一目了然　　一鸣惊人　　一丝不苟　　一劳永逸

一枕黄粱　　一张一弛　　一筹莫展　　一鼓作气

一切就绪　　一劳永逸　　一望无垠　　贻笑大方

异口同声　　衣冠楚楚　　衣衫褴褛　　衣冠禽兽

依依不舍　　仪表堂堂　　怡然自得　　移花接木

疑神疑鬼　　遗臭万年　　因地制宜　　颐指气使

颐养天年　　以身作则　　以毒攻毒　　以防不测

以假乱真　　以貌取人　　以权谋私　　以小见大

以牙还牙　　以逸待劳　　倚老卖老　　倚官仗势

义正词严　　义无反顾　　义不容辞　　义愤填膺

忆苦思甜	议论纷纷	议会制度	议程方案
异彩纷呈	异口同声	抑扬顿挫	易如反掌
意气风发	溢于言表	亦步亦趋	因地制宜
因势利导	有所遵循	原子辐射	英雄气概
阴谋诡计	阴差阳错	阴阳怪气	英雄辈出
饮鸩止渴	吟风弄月	引狼入室	引人入胜
饮水思源	隐姓埋名	应有尽有	英姿焕发
英雄气概	鹦鹉学舌	鹰鼻鹞眼	庸庸碌碌
迎刃而解	迎头赶上	营私舞弊	蝇营狗苟
蝇头小利	应接不暇	庸人自扰	永垂不朽
雨声淅沥	勇往直前	用兵如神	优胜劣汰
优柔寡断	忧心如焚	忧患意识	忧患余生
油腔滑调	油头粉面	油头滑脑	游刃有余
有名无实	有目共睹	有条不紊	有勇无谋
诱敌深入	迂回曲折	于心何忍	鱼目混珠
鱼龙混杂	鱼死网破	渔人得利	愚公移山
愚昧无知	雨后春笋	与日俱增	与虎谋皮
与众不同	羽毛未丰	羽扇纶巾	羽翼丰满
语无伦次	语重心长	贻笑大方	玉石俱焚
玉汝于成	郁郁葱葱	郁郁不乐	郁郁寡欢
浴血奋战	欲擒故纵	冤家路窄	源远流长
远走高飞	远见卓识	怨天尤人	怨声载道
圆桌会议	月明星稀	余勇可贾	莺歌燕舞
缘木求鱼	越俎代庖	拥军优属	跃跃欲试
晕头转向	云开见日	烟消雾散	云蒸霞蔚
运筹帷幄	运用自如	逾期作废	元气大伤
月下老人	圆颅方趾	元谋猿人	用舍行藏
拥政爱民	影影绰绰	一推二六五	
养老金	压路机	压岁钱	牙周炎
胰岛素	烟斗丝	烟霞癖	盐碱地
掩眼法	眼中钉	燕尾服	宇宙尘

比比看看

Y

鸦雀无声　万籁无声

鸦雀无声：形容极其寂静，常用于有人参与的场面的寂静。万籁无声：则常指周围的自然环境非常安静。

淹没　湮没

淹没：指大水漫过，也形容被声音盖过，适用对象多为具体事物。湮没：指名声和成就被埋没，适用对象多为"名声""才华"等抽象事物。

严整　严正

严整：队伍严肃整齐，管理或书画布局严谨。严正：立场态度严肃正当。

扬言　佯言

扬言：指有意用说话威胁对方。佯言：指说假话，目的在于迷惑别人。

扬扬　洋洋

扬扬：扬扬得意、沸沸扬扬、纷纷扬扬。洋洋：洋洋得意、洋洋洒洒、洋洋大观、喜气洋洋。

一经　一旦

一经：表示只要采取某种措施，就会得到相应的结果，多表已然。一旦：表示忽然有一天或假如有一天，侧重在将来。

一齐　一起

一齐：副词，表示同时各自发出。一起：一地发生或合到一地。例如：我们的思潮同春潮一起翻滚，遍地的春花同心花一齐开放。

疑义　异议

疑义：可疑之处，疑惑不定的含义。异议：不同的意见或议论。

以至　以致

以至：一般表示时间、程度、范围上的递升或递降，有"直到"的意思。以致：表示事物发展的结果，一般指不好的结果。

意气　义气

意气：指志趣、性格、气概，也指偏激的情绪，如意气风发。

义气：指主持公道或忠于兄弟朋友的感情而甘于承担风险或牺牲自己利益的气概。

引见　引荐

引见:引人相见,使彼此认识。引荐:推荐(人)。

意向　意见

意向:意图、目的。意见:对事情的看法。

优雅　幽雅

优雅:一指优美雅致,二指优美高雅。幽雅:指幽静而雅致,多指环境。

原形　原型

原形:指原来的形状,本来的真实面目,常含贬义。原型:原来的类型或模型,特指文艺作品中塑造人物形象所依据的现实生活中的人。

意旨　意志

意旨:意图,意向,目的。意志:自觉努力的心理状态。

隐晦　隐讳

隐晦:意思不明显。隐讳:隐瞒不说。

盈利　营利

盈利:中性,获取利润。营利:贬义,谋取私利。

允许　容许

允许:应允并许可。容许:容忍许可。

与之　予以

与之:相当于"给他(它)"或"和他"。予以:相当于"给予"。

愚昧　愚笨

愚昧:偏重于精神、认识。愚笨:偏重于智力。

寓意　含义

寓意:指寄托或隐含的意思。含义:指词句等包含的意思。

预定　预订

预定:预先规定或约定,如预定计划、预定时间。预订:预先订购,如预订机票。

成语积累

（★ 表示错误用法）

Y

圆凿方枘——枘(ruì)，榫头。圆形的卯眼，方形的榫头。比喻人(物)与人(物)差异明显，格格不入。

咬文嚼字——多用于讽刺死抠字句不领会文章精神实质的人。有时用于讽刺当众讲话时爱卖弄自己学识的人。★他平时无论在什么场合，说话总是咬文嚼字，这种认真的态度是值得提倡的。

偃旗息鼓——原指行军时隐蔽行踪，形容军中肃静无声，毫无动静。后来比喻休战或无声无息的停止行动。一般不用于胜利者一方。★1.经过两个小时的激战，我军全歼守敌，打扫完战场，便偃旗息鼓，胜利而归。★2.加入世贸组织(WTO)后汽车价格变化备受关注，但作为市场主力的几家汽车大厂，三四个月以来却一直偃旗息鼓，没有太大动作。

一笔抹杀——比喻轻率地把优点、成绩等全盘否定。★取得了成绩当然值得高兴，但是不能因为有了成绩就连我们的失误也一笔抹杀了。

一衣带水——原形容像衣带那样狭窄的水。后比喻仅隔一水，极其临近。

一孔之见——比喻狭隘片面的见解，多用作谦词。★他是一位学贯中西、通晓古今的学者，所以每每发表深刻、独到的一孔之见。

一蹴而就——蹴(cù)，踏。就，成功。形容轻而易举。★1月3日举世瞩目的长江三峡工程捷报飞传，上下游围堰合龙工作一蹴而就，顺利实现大江截流。

一团和气——原指态度和蔼。现在也指不分是非的无原则的和气，有贬义色彩。★1.她是一位好老师，那轻柔的嗓音，那甜美的微笑，一看便知是一个一团和气的人。★2.由于攻关小组全体成员上下齐心，一团和气，仅用十天便拿出了研究成果。

一劳永逸——费一次劳力而得到永久的安逸。★美国国务卿的中东之行，并未从根本上解决美伊之间的矛盾，海湾地区的局势也不会从此一劳永逸。

一念之差——差，错。一个念头错了。常指因此引起严重的后果。

一饭千金——汉韩信受漂絮老妇之饭，报以千金。现指受恩厚报。★公款吃喝已成为社会一大公害，有的一饭千金，令人痛惜，此风非刹不可。

一差二错——可能发生的意外或差错。★他的学习基础可以说是一差二错，想要通过这次会考是很难的。

一傅众咻——傅(fù)，教导。咻(xiū)，喧闹。一个人教，众多的人干扰，是不会学好的。后来用以说明环境对人的影响极大。

言近旨远——旨，含义。话说得浅近，含义很深远。褒义。★说话写文章，第一要简明扼要，做到有的放矢；第二要朴素自然，防止言近旨远。

言必信，行必果——信，信实。果，坚决。说话一定要守信，做事又必须坚决，任何时候都不能动摇。

言不由衷——形容虚伪敷衍，说的不是内心的真话。★我这人心直口快，刚才跟你说的话也是想到就说，言不由衷，请你千万不要介意。(与"心直口快"等矛盾。)

异曲同工——比喻所做的虽然不同，成绩却一样好。★1.他创作了两篇小说，虽然题材不同，但异曲同工，在评论界引起很大反响。★2.无论是创作歌词还是谱曲，都要付出艰辛的劳动，即所谓异曲同工。

颐指气使——颐(yí)，颊，面部。不说话只用面部表情来示意。形容有权势的人傲慢的神态。★1.他是全队的核心，只凭颐指气使，就能打出一次次漂亮的防守反击来。2.她从小就养成了自认为高人一等的优越感，即使在医院里要别人照顾，也依然颐指气使，盛气凌人。

亦步亦趋——形容处处模仿，追随他人。★正视先进国家的技术，亦步亦趋，博采众长，为的是发展自己。

有条不紊——紊，乱。做事井井有条，一丝不乱。★李老师爱干净，是在备课组出了名的，桌子上的各种物什总是摆放得有条不紊。

有教无类——无类,不分类别。不论什么人都给以教育。

有口皆碑——比喻对突出的好人好事一致颂扬。★1.侵华日军在南京疯狂屠杀中国平民,这是有口皆碑的铁的事实,任何狡辩都改变不了。(褒贬误用)★2.整改不光是说在口头上,更要落实到行动上,相信到下一次群众评议的时候,大家对机关作风的变化一定都会有口皆碑。

蝇营狗苟——营,蝇飞。苟,苟且,这里指不顾廉耻。比喻追求名利,不顾廉耻。

余勇可贾——贾(gǔ),卖。形容力气还没有用尽。

养痈遗患——痈(yōng),一种毒疮。患,祸害。对自己身上的痈不加治疗,给自己留下祸害。比喻姑息坏人、坏事,结果害了自己。

贻笑大方——贻(yí),遗留。大方,即大方之家,见识广博的人,后泛指有专长的人。表示被内行的人笑话。

以邻为壑——壑(hè),沟壑。拿邻国当作排泄洪水的沟壑。比喻把自己的困难或祸害转嫁给别人。坚持环境综合治理的方针,反对本位主义,警惕、防止出现以邻为壑的倾向。

以沫相濡——沫(mò),唾沫。濡(rú),沾湿,使湿润。比喻在困难处境中用其微薄的力量来相互救助。

饮鸩止渴——鸩(zhèn),毒酒。喝毒酒来止渴。比喻只顾眼前,不顾后患。★如果我们把缺点、错误掩盖起来,装作看不见,那无异于饮鸩止渴。

欲壑难填——欲,欲望。壑(hè),山沟。形容贪心太重,总是不能满足。

洋洋大观——洋洋,盛大、众多的样子。大观,丰富多彩的样子。形容事物繁多,使人大开眼界。★诗歌到了《诗经》时代,有了琴瑟的伴奏,更是洋洋大观了。

应接不暇——暇,空闲。原形容景物繁多,来不及观赏。后用以形容来人或事物太多,忙不过来。汽车向神农架山区奔驰,只见奇峰异岭扑面而来,令人应接不暇。

叶公好龙——比喻自称爱好某事物,实际上并不真正爱好,甚至害怕。

鱼龙混杂——比喻好人与坏人混在一起。随着市场经济大潮的冲击,社会上难免鱼龙混杂,泥沙俱下;但你无须悲观,更不能心灰意冷。

雨后春笋——春雨以后,竹笋长得又多又快。常用以比喻事物大量涌现和蓬勃发展。★几乎所有造假者都是这样,随便找几间房子、拉上几个人就开始生产,于是大量的垃圾食品厂就雨后春笋般地冒出来了。(褒词贬用)

与人为善——跟人一同做好事。现在泛指善意帮助人。★文明礼貌,和气待人,这种与人为善的美德,不仅商业活动中需要提倡,其他行业活动中也应该提倡。

游刃有余——比喻做事熟练,轻而易举。★他退休以后,做点家务,还抽空锻炼身体、写字画画,生活得真是游刃有余。(生活轻松又丰富多彩)

引狼入室——比喻自己把坏人招引进来。

运斤成风——斤,斧头。挥动斧头,风声呼呼。比喻手法熟练,技术神妙。★你纵使有运斤成风的臂力,也举不起这重若千斤的巨石。

因人成事——依靠别人把事情办好。★众志成城,因人成事,中国人民靠自己的力量建立了新中国。

缘木求鱼——爬到树上找鱼。比喻方向、方法错误,不可能达到目的。★只要有缘木求鱼的精神,就能攀登一座座科学高峰,获得一项项科学成果。(与"获得……成果"相矛盾)

古诗欣赏

冬之韵

【原诗】

咏 雪

南朝·梁　吴均

微风摇庭树,细雪下帘隙。

萦空如雾转,凝阶似花积。

不见杨柳春,徒见桂枝白。

零泪无人道,相思空何益。

【注释】

　　萦:环绕,盘旋。

　　凝:凝结,凝聚。

　　"不见"句:言看不到杨柳带来春天的讯息。

　　徒:只,不仅仅。

　　道:说。

【品悟】

　　吴均(469~520年),字叔庠(xiáng),吴兴故鄣(现在浙江安吉)人。南朝梁时期的文学家。好学有俊才,其诗文深受沈约的称赞。其诗清新,且多为反映社会现实之作。其文工于写景,诗文自成一家,常描写山水景物,称为"吴均体",开创一代诗风。

　　这首咏雪诗,以细腻的笔触,描写了细雪纷纷的情状和天空、地上漫漫皆白的迷人景致。诗中第三句以"雾转"喻雪花飞舞,突出了"细雪"飘洒的动态;第四句将台阶的积雪比作"花积",则展现了雪景的静态美。两个贴切比喻的连用,便艺术形象更加鲜明突出。

【关键词】

　　内容上:歌咏大雪

　　手法上:比喻

经典诵读

《大学》(节选)

【原文】

　　大学之道,在明明德,在亲民,在止于至善。知止而后有定,定而后能静,静而后能安,安而后能虑,虑而后能得。

　　物有本末,事有终始。知所先后,则近道矣。

　　古之欲明明德于天下者,先治其国;欲治其国者,先齐其家;欲齐其家者,先修其身;欲修其身者,先正其心;欲正其心者,先诚其意;欲诚其意者,先致其知。致知再格物。

　　物格而后知致,知致而后意诚,意诚而后心正,心正而后身修,身修而后家齐,家齐而后国治,国治而后天下平。

　　自天子以至于庶人,一是皆以修身为本。其本乱而末治者否矣。其所厚者薄，而其所薄者厚，未之有也。

此谓知本，此谓知之至也。

【译文】

大学的宗旨在于弘扬光明正大的品德，在于使人弃旧图新，在于使人达到最完善的境界。知道应达到的境界才能够志向坚定，志向坚定才能够镇静不躁，镇静不躁才能够心安理得，心安理得才能够思虑周详，思虑周详才能够有所收获。

每样东西都有根本有枝末，每件事情都有开始有终结。明白了这本末始终的道理，就接近事物发展的规律了。

古代那些要想在天下弘扬光明正大品德的人，先要治理好自己的国家；要想治理好自己的国家，先要管理好自己的家庭和家族；要想管理好自己的家庭和家族，先要修养自身的品性；要想修养自身的品性，先要端正自己的心思；要想端正自己的心思，先要使自己的意念真诚；要想使自己的意念真诚，先要使自己获得知识；获得知识的途径在于认识、研究万事万物。

通过对万事万物的认识、研究，才能获得知识，获得知识后意念才能真诚，意念真诚后心思才能端正，心思端正后才能修养品性，品性修养后才能管理好家庭和家族，管理好家庭和家族后才能治理好国家，治理好国家后天下才能太平。

上自国家元首，下至平民百姓，人人都要以修养品性为根本。若这个根本被扰乱了，家庭、家族、国家、天下要治理好是不可能的。不分轻重缓急，本末倒置却想做好事情，这也同样是不可能的！

这就叫做抓住了根本，这就叫知识达到顶点了。

名言名句

论语名句——处世篇（下）

●子曰："人而不仁，如礼何？人而不仁，如乐何？"（里仁·第四）

——孔子说："一个人没有仁德，他怎么能实行礼呢？一个人没有仁德，他怎么能运用乐呢？（做人如果不去修养道德，礼法和文艺对他是没有作用的。）"

●子曰："君子之于天下也，无适也，无莫也，义之与比。"

(适:音dí,意为亲近、厚待。比:亲近、相近、靠近。)(里仁·第四)

——孔子说:"君子对于天下的人和事,没有固定的厚薄亲疏,只是按照义去做。"

●子之燕居,申申如也,夭夭如也。(述而·第七)

——孔子在日常生活中,爽朗自然,活泼愉快。

●子之所慎:齐、战、疾。(述而·第七)

——孔子所谨慎小心对待的是斋戒、战争和疾病这三件事。

●子钓而不纲,弋不射宿。(述而·第七)

——孔子钓鱼时只用有一个鱼钩的钓竿,而不用(有许多鱼钩的)大网钓鱼。打猎时只射飞鸟,不射巢中育雏的鸟和歇宿的鸟。

●食不语,寝不言,寝不尸,居不客。(乡党·第十)

——孔子的养生之道:吃饭的时候不交谈,就寝的时候不讲话,睡觉的姿势不要像尸体一样横呈仰卧,日常生活要安适自然,不要向客人一样拘谨。

●孔子于乡党,恂恂如也,似不能言者。其在宗庙、朝廷,便便言,唯谨尔。(乡党·第十)

——孔子在本乡的地方上与乡邻们相处时显得温和恭敬,像是不会说话的样子。但他在宗庙里、朝廷上,却直率坦言善辩,只是态度依然恭敬。

●朋友死,无所归,曰:"于我殡。"(乡党·第十)

——(孔子的)朋友死了,没有亲属负责敛埋,孔子说:"丧事由我来办吧。"

●厩焚。子退朝,曰:"伤人乎?"不问马。(乡党·第十)

——马棚失火烧掉了。孔子退朝回来,说:"伤人了吗?"不问马的情况怎么样。

●子曰:"贤者辟世,其次辟地,其次辟色,其次辟言。"

——孔子说:"贤达高明之士能做到:首先像隐士一样避开无道的乱世,其次是避开污浊的环境,再次避开别人难看的脸色,再次避开别人难听的闲谈。"

●孔子曰:"益者三乐,损者三乐。乐节礼乐,乐道人之善,乐多贤友,益矣。乐骄乐,乐佚游,乐晏乐,损矣。"(季氏·第十六)

——孔子说："有三种对人有益的享乐，有三种对人有害的享乐：喜欢研究道德和智慧，喜欢谈论别人的长处，喜欢结交许多贤达的人做朋友，这些是有益的享乐；喜欢奢侈、骄傲，喜欢放纵的娱乐，喜欢讲排场的宴会，这些是有害的享乐。"

●子曰："恶紫之夺朱也，恶郑声之乱雅乐也，恶利口之覆邦家者。"（阳货·第十七）

——孔子说："我们厌恶一些人：那些喜欢用杂色来破坏纯正颜色的人，那些用庸俗的靡靡之音来破坏高雅音乐的人，那些只顾卖弄弄自己凌厉的口舌来破坏圣德和国家安全而不负责任的人。"

●子曰："直道而事人，焉往而不三黜？"（微子·第十八）

——孔子说："遵守道德用耿直的态度去办事的人，哪会一帆风顺？常有被贬职而三起三落的时候。"

●虽小道，必有可观者焉，致远恐泥，是以君子不为也。"（子张·第十九）

——一些小的技艺，通称为小道，但也有它很可观的内涵；如果过分重视它，追求它，就会对我们形成羁绊，所以君子不看重小道。

●子曰："众恶之，必察焉；众好之，必察焉。"（卫灵公·第十五）

——孔子说："对于大众都厌恶的事物，我一定要去考察，以知道被厌恶的原因；对于大众都喜好的事物，我一定要去考察，以知道被喜好的原因。"

二五

晓风晨语

●智者千虑,必有一失;愚者千虑,必有一得。
●不能则学,不知则问,耻于问人,决无长进。

常见多音字

Z

扎小辫 zā	匝地 zā	记载 zǎi
载重 zài	载舞 zài	载道 zài
拒载 zài	暂时 zàn	臧否 zāng pǐ
宝藏 zàng	确凿 záo	啧啧 zé
谮言 zèn	憎恶 zēng	赠送 zèng
驻扎 zhā	咋呼 zhā	挣扎 zhá
札记 zhá	咋舌 zhà	择菜 zhái
占卜 zhān	客栈 zhàn	破绽 zhàn
精湛 zhàn	颤栗 zhàn	高涨 zhǎng
涨价 zhǎng	着慌 zháo	沼泽 zhǎo
召开 zhào	肇事 zhào	折腾 zhē
动辄 zhé	蛰伏 zhé	贬谪 zhé
铁砧 zhēn	日臻 zhēn	甄别 zhēn
箴言 zhēn	缜密 zhěn	赈灾 zhèn
症结 zhēng	拯救 zhěng	症候 zhèng
诤友 zhèng	挣脱 zhèng	脂肪 zhī
踯躅 zhí zhú	咫尺 zhǐ	博闻强识 zhì
标识 zhì	质量 zhì	脍炙人口 zhì
鳞次栉比 zhì	对峙 zhì	中听 zhōng
中肯 zhòng	刀耕火种 zhòng	胡诌 zhōu
啁啾 zhōu	压轴 zhòu	贮藏 zhù

莺啼鸟啭 zhuàn 　　撰稿 zhuàn 　　谆谆 zhūn
弄巧成拙 zhuō 　　灼热 zhuó 　　卓越 zhuó
啄木鸟 zhuó 　　着陆 zhuó 　　穿着 zhuó
恣意 zì 　　浸渍 zì 　　作坊 zuō
柞蚕 zuò 　　沼气 zhǎo 　　锃亮 zèng
装帧 zhēn 　　南辕北辙 zhé 　　饮鸩止渴 zhèn
惭怍 zuò 　　卷帙浩繁 zhì 　　倥偬 zǒng
远见卓识 zhuō 　　机杼 zhù 　　伫立 zhù
累赘 léi zhuì 　　连缀 zhuì 　　擢发难数 zhuó
渣滓 zǐ 　　濯濯童山 zhuó 　　zhǔ 属望

Z

杂乱无章	再接再厉	在所不辞	在劫难逃
在天之灵	赞不绝口	葬身鱼腹	纵横捭阖
沾沾自喜	斩钉截铁	斩草除根	这倒不错
占山为王	张灯结彩	掌上明珠	仗势欺人
仗义疏财	招摇撞骗	凿壁借光	造谣生事
照本宣科	针锋相对	真才实学	真心实意
真知灼见	枕戈待旦	震耳欲聋	震撼人心
争分夺秒	争先恐后	振聋发聩	蒸蒸日上
正大光明	中流砥柱	张皇失措	直上重霄
直截了当	遮天蔽日	针灸疗法	仗义执言
掷地有声	惴惴不安	自顾不暇	自暴自弃
专程谒见	恣意胡为	缀句成文	遮天蔽日
栉风沐雨	遵循教导	炙手可热	泽被苍生
乍暖还寒	郑重其事	政通人和	之乎者也
支支吾吾	执迷不悟	执法如山	指桑骂槐
指手画脚	指日可待	咫尺天涯	趾高气扬
至高无上	治国安邦	置之度外	众所周知
众目睽睽	重于泰山	周而复始	粥少僧多
蛛丝马迹	逐鹿中原	助人为乐	著书立说
铸成大错	抓耳挠腮	专心致志	转败为胜
转危为安	装模作样	装腔作势	壮志凌云

追根究底	追本溯源	捉襟见肘	贼喊捉贼
茁壮成长	资深望重	子虚乌有	自告奋勇
自食其力	字里行间	总而言之	纵横交错
纵虎归山	走马观花	走投无路	足智多谋
钻木取火	罪大恶极	罪有应得	醉生梦死
左顾右盼	坐吃山空	坐井观天	坐享其成
座无虚席	做贼心虚		
做手脚	找麻烦	栽跟头	遭遇战
责任感	扎猛子	嘴碎了	占便宜
战利品	障眼法	照妖镜	逐客令
主心骨	直肠子	纸老虎	装糊涂
庄稼人	走神儿	钻空子	左撇子

比比看看

Z

赞许　称赞

赞许:可指神情。称赞:用语言表达对人或事的优点的喜爱,可作动词、形容词。

招收　招募　招聘

招收:多指用考试或其他方式接收学员、学徒、工作人员。招募:意为募集人员,有聚集之意。招聘:指用公告的方式聘请。

择要　摘要

择要:"要"是指重要的,即选择重要的。摘要:"要"是要点,即摘录要点,如新闻摘要。

增值　增殖

增值:增加产值或价值。增殖:增生。

指责　指摘

指责:侧重于责备。指摘:侧重于挑出错误。

作客　做客

作客:指离开故乡,寄居在别处。做客:指访问别人,自己当客人。

蛰居　谪居

蛰居:(书)像动物冬眠一样,长期躲在一个地方,不出头露面。谪居:被贬谪之后住在某个地方。

只要/就　只有/才

只要/就:表充足的条件。只有/才:表必需的条件。

质疑　置疑

质疑:提出疑问。置疑:怀疑,一般用于否定的意义,如不容置疑。

指使　支使

指使:出主意叫别人去做某事,一般不是公开的"指使"。如这件事幕后有人指使。支使:命令人做事。如把他支使走。

侦查　侦察

侦查:专指司法机关为了确认犯罪事实和犯罪人而进行的活动。侦察:指为了弄清敌情而进行的军事活动。

镇定　镇静

镇定:遇到紧急情况不慌不忙。镇静:情绪稳定或平静。

甄别　鉴别

甄别:审查辨别(优劣、真伪)。鉴别:辨别真伪好坏。

正确　准确

正确:符合事实、道理或某种公认的标准。准确:行动的结果完全符合实际或预期。

证明　证实

证明:用材料来表明或断定人或事的真实性,可作动词,也可作名词。证实:证明其确实,作动词。

制约　限制

制约:甲事物本身的存在和变化以乙事物的存在和变化为条件,则甲事物为乙事物所制约。限制:规定范围,不许超过,约束。

制约　束缚

制约:侧重于控制、约束。束缚:侧重于限制在一定的范围内。

终止　中止

终止:指结束,停止。中止:指因故中途停止。

终生　终身

"终生"和"终身"都是一生,前者多就事业说,后者多就切身的事说。

捉摸　琢磨

捉摸:指猜测,预料,多用于否定的意思。琢磨:①雕刻和打磨(玉石);②加工使精美(指文章等);③思索,考虑。例如:老张的话我琢磨了很久。

周游　漫游

周游:到各地游历。漫游:随意游玩。

逐渐　逐步

逐渐:渐渐。逐步:一步一步地。

专诚　专程

专诚:指特地,表示非顺便,特指心意诚恳。专程:指专为某事而到某地。

尊敬　尊重

尊敬:重视而且恭敬地对待。尊重:重视并严肃对待。

资金　资源

资金:指国家用于发展国民经济的物资或货币。资源:指生产资料或生活资料的天然来源。

自然　固然

自然:理所当然。固然:表示承认某个事实,引起下文的转折。

自制　自治

自制:克制自己的情绪。自治:民族团体地区等对自己的事务行使一定的权力。

自诩　自许

自诩:指自夸,贬义词。自许:指以某种崇高的使命激励自己,褒义词。

纵容　怂恿

纵容:对错误行为不加制止,任其发展。多含贬义。怂恿:鼓动别人去做(某事)。

阻碍　阻挡

阻碍:使不能顺利通过或发展。阻挡:阻止,拦住,主语是施动者。

阻止　中断

阻止:使不能前进,使停止行动。中断:不带宾语。

Z

朝闻夕死——早晨听到了真理，晚上就算死了也甘心了。形容对真理或某种信仰的渴望。

仗义执言——主持正义，说公道话。

众口铄金——铄(shuò)，熔化。原形容舆论的威力大。后用来形容人多口杂，可以混淆是非。

众目睽睽——众人都在注视、监督。一般用于当众公然做坏事。★在众目睽睽下，陈伊玲这个本来从容自若的姑娘也不禁有点困惑了。

众志成城——万众一心，像城墙一样不可摧毁。比喻同心协力，团结一致，力量无比强大。

诛心之论——揭穿动机的批评。★编辑甲对编辑乙说："这篇文章太差劲了，真是诛心之论。"

置若罔闻——放在一边不管，好像没有听见。★商品这个东西我们天天见它，有些人却置若罔闻，不去研究它的规律，这是极其错误的。（改"熟视无睹"为好）

置之度外——不把它放在心上。★张老师能虚心听取同学们的意见，决不对善意的批评置之度外。

擢发难数——擢(zhuó)发，拔下头发。形容多得数不清，多指罪恶。

作壁上观——壁，壁垒，古时军营四周的围墙。一旁观看，不介入，坐观成败。

作茧自缚——缚(fù)，束缚。比喻自己使自己陷入困境或自己束缚自己。

在劫难逃——劫(jié)，佛教的说法，世界有成、住、坏、空四个时期，叫做"四劫"，到了坏劫时期，有风、火、水三灾出现，世界归于毁灭。因此旧时把天灾人祸等厄运称为"劫"或"劫数"。原指命中注定要遭受灾祸，想逃也逃不了。现在有时借指不可避免的灾害。★"网上追逃"使那些潜逃犯在劫难逃，纷纷落入法网。

责无旁贷——责，责任。贷，推卸。自己应尽的责任，不能推卸给别人。

沾沾自喜——沾沾,轻浮的样子。对自己的成绩感到满意,表现出一种轻浮的样子。

正本清源——正,使之正,整顿。本,树根。从根本上加以整顿清理。表示从根本上彻底解决问题。

振聋发聩——聩,耳聋。使聋子能听到声音。比喻言论能使糊涂麻木的人清醒。一般只用比喻义。★1.今天,北京体育馆内万余名观众的掌声经久不息,振聋发聩,淹没了馆外的惊雷声。★2.昨天晚上,忽然狂风大作,暴雨如注,我被振聋发聩的雷声惊醒了。3.我想起雨果在《临终告白》中写下的那段平凡却振聋发聩的话语:"真理、光明、正义、良心,这就是上帝……"

振振有词——振振,理直气壮的样子。形容自以为理由充分,说个不停。贬义。★1.中国代表团振振有词的发言响彻整个会议大厅,赢来了经久不息的掌声。★2.面对种种诬蔑不实之词,他作了有力的批驳,并振振有词地说:"事实就是事实,不容歪曲。"

炙手可热——炙(zhì),烤、烧。手一接触就感到热得烫人。比喻气焰盛,权势大。★1."二战"成了时下影视、美术、文学等艺术创作炙手可热的题材。★2.家用电器降价刺激了市民消费欲的增长,原本趋于滞销的彩电,现在一下子成了炙手可热的商品。

捉襟见肘——襟(jīn),衣襟。肘(zhǒu),胳膊肘。原形容衣服破烂,后比喻顾此失彼,穷于应付。滥挖天山雪莲现象日益猖獗的原因之一是,违法者众多且分布广泛,而管理部门人手不足,因此执法时往往捉襟见肘。

指手画脚——形容说话时兼用手势示意,也形容轻率地指点、批评。★每天早晨,他都要一个人跑到花园里,指手画脚地练动作,抑扬顿挫地背台词。

左右逢源——逢,遇到。源,水源,源头。原指取之不尽,用之不竭。后形容做事得心应手,非常顺利。★谈起电脑、互联网,这个孩子竟然说得头头是道,左右逢源,使在场的专家也惊叹不已。

自怨自艾——艾(yì),改正。原指悔恨自己的错误而自己改正,后只表示悔恨的意思。不能误为"自暴自弃"。

自惭形秽——原指因自己容貌举止不如别人而感到惭愧,后来泛指自愧不如别人。一项社会调查显示,如果丈夫的收入低于妻子,一部分男性难免会感到自惭形秽,甚至无端地对自己进行心理折磨。

【原诗】

江 雪

唐 柳宗元

千山鸟飞绝,万径人踪灭。

孤舟蓑笠翁,独钓寒江雪。

【注释】

绝:无,没有。人踪:人的踪迹。灭:消失,没有了。

千山鸟飞绝:千山万岭不见飞鸟的踪影。

万径:虚指,指千万条路。

人踪灭:没有人的踪影。

孤:孤零零。

舟:小船。

蓑笠(suō lì):蓑衣和斗笠。"蓑"是古代用来防雨的衣服;"笠"是古代用来防雨的帽子。

独钓:一个人垂钓。这句是说,一个人在大雪纷飞的寒冷的江面上垂钓。

【诗意】

四周的山上没有了飞鸟的踪影,小路上连一丝人的踪迹也没有,在江上的一只小船上,有个披着蓑衣、戴着斗笠的老翁,在寒冷的江上独自垂钓。

【品悟】

柳宗元(773~819),唐代思想家,文学家,字子厚,河东(今山西永济)人,世称"柳河东"。与韩愈一起发起和领导了唐代的古文运动。柳宗元的山水诗,大多描写比较幽僻清冷的境界,借以抒发自己遭受迫害被贬的抑郁悲愤之情。这首诗描绘了一幅渔翁寒江独钓图,表达了诗人永贞革新失败后,虽处境孤独,但仍傲岸不屈的性格。

寰宇迷蒙,大雪纷飞,空中绝鸟迹,路上断行人。然而,就在这样一个天寒地冷的时刻,却有一位坚毅的渔翁,驾着一叶扁舟,披蓑戴笠,垂钓于寒江之上。诗人把与恶劣环境抗争的冷峻孤独的情感,浓缩在小篇幅的"寒江独钓图"中,使得诗中情与景浑然一体,余味无穷。

【关键词】

内容上:冬天雪景

手法上:夸张

经典诵读

《中庸》(第一章)

【原文】

天命之谓性,率性之谓道,修道之谓教。道也者,不可须臾离也;可离,非道也。是故君子戒慎乎其所不睹,恐惧乎其所不闻。莫见乎隐,莫显乎微。故君子慎其独也。喜、怒、哀、乐之未发,谓之中。发而皆中节,谓之和。中也者,天下之大本也。和也者,天下之达道也。致中和,天地位焉,万物育焉。

【译文】

人的自然禀赋叫做"性",顺着本性行事叫做"道",按照"道"的原则修养叫做"教"。"道"是不可以片刻离开的,如果可以离开,那就不是"道"了。所以,品德高尚的人在没有人看见的地方也是谨慎的,在没有人听见的地方也是有所戒惧的。越是隐蔽的地方越是明显,越是细微的地方越是显著。所以,品德高尚的人在一人独处的时候也是谨慎的。喜怒哀乐没有表现出来的时候,叫做"中";表现出来以后符合节度,叫做"和"。"中",是人人都有的本性,"和",是大家遵循的原则,达到"中和"的境界,天地便各在其位了,万物便生长繁育了。

名言名句

论语名句——比喻篇

●子贡曰:"有美玉于斯,韫椟而藏诸?求善贾而沽诸?"子曰:"沽之哉,沽之哉!我待贾者也。"(子罕·第九)

——子贡说:"假如这里有一块美玉,是把它收藏在柜子里呢?还是找一个识货的商人卖掉呢?"孔子说:"卖了呀,卖了呀!我正在等着识货的人呢。"

●子曰:"吾未见好德如好色者也。"(子罕·第九)

——孔子说:"我没有见过爱仁德能像爱异性、爱漂亮那样的人。"

●子曰:"苗而不秀者有矣夫,秀而不实者有矣夫!"(子罕·第九)

——孔子说:"庄稼出了苗而不能吐穗开花的情况是有的,吐穗开花而不结果实的情况也有。"

●子曰:"天何言哉?四时行焉,百物生焉,天何言哉?"(阳货·第十七)

——孔子说:"天生万物,具备至德,天表白自己的功德了吗?四季照常运行,百物照样生长,天表白自己的功德了吗?"

●子曰:"譬如为山,未成一篑,止,吾止也;譬如平地,虽覆一篑,进,吾往也。(子罕·第九)

——孔子说:"道德的修养和知识的积累,打个比方:就像挑着一筐一筐的土来积土成山,只差一筐土就完成了,这时停下来,那是我自己要停下来的,是自己的心先退缩了;又像挑着一筐一筐的土来填平一个大坑,每填进一筐,坑就会浅一点,凭的就是我们心中要填平他的信心。"

●子夏曰:"百工居肆以成其事,君子学以致其道。"(子张·第十九)

——子夏说:"各行各业的工匠住在作坊里来完成自己的工作,君子通过学习并加以实践而成就道义。"

●子贡曰:"仲尼,日月也,无得而逾焉。人虽欲自绝,其何伤于日月乎?多见其不知量也。"(子张·第十九)

——子贡说:"仲尼的贤德好比太阳和月亮,是无法遮挡的。虽然有人要想去遮挡日月的光芒,但怎么也无法伤害到日月,只是表明他不自量力而已。"